어린이 인권 이야기

우리 모두 틀림없이 다르다

어린이 인권 이야기

우리 모두 틀림없이 다르다

글 김현식, 류은숙, 신재일, 전희정
그림 이광진, 창작 집단 도르리, 홍선주

스푼북

추천하는 글

다른 사람을 존중하는 것이
내가 존중받는 길

　우리 친구들이 소중한 존재로 태어났듯이 사람은 모두 존엄한 존재로 태어나. 사람이 누려 마땅한 권리를 인권이라고 한다면 존엄하게 태어난 사람 모두 인권을 누려야 하는 건 당연해. 그런데 세상은 아직 그렇지 못해. 기본적인 인권을 누리지 못하고 고통과 불행 속에 살고 있는 사람들이 아주 많아. 사실 인간의 역사는 인간의 존엄성을 높이고 더 많은 인권을 보장받기 위해 노력해 온 과정이었다고 말할 수 있어. 친구들도 그런 길에 함께 나서면 좋겠어. 이 책을 많은 친구들이 읽기를 바라는 건 그 때문이야.

　모든 사람은 다르게 태어나. 똑같이 사람으로 태어나면서 모두 다르게 태어나는 거지. 나와 다른 남을 존중하는 것이 곧 내가 존중받는 길이고, 남의 인권을 존중하는 것이 곧 내 인권이 존중받는 길이야. 이것은 입장을 바꿔서 생각해 보면 금방 알 수 있어.

어떤 사람의 DNA를 입력해서 그 사람과 똑같은 사람을 무수히 만들어 내는 공상 과학 소설을 읽은 적 있니? 자신과 똑같은 사람들이 수없이 만들어진다면 어떨까? 상상하는 것만으로도 끔찍하지. 그렇다면 이 세상 사람들이 모두 다르다는 것에 안도해야 할 것 같은데 꼭 그렇지만은 않은가 봐. 자신과 다르다고 시비를 걸거나 문제를 삼지. 나와 똑같은 것도 싫고 나와 다른 것도 싫다……. 왜 그럴까?

이 모순은 자신을 돌아보지 못하는 미성숙한 단계에 머물러 있는 사람이 빠지기 쉬운 '내가 남보다 낫다.'는 착각에서 비롯돼. 그것은 대개 내가 속한 집단(국적, 성별, 종교, 사상 등)의 우월함을 확인하면서 만족하는 모습으로 나타나지. 나와 다른 사람을 존중하는 것이 내가 존중받는 길인데, 그게 쉽지 않은 이유는 바로 사람들이 '남보다 나은 나', '남보다 선한 나'를 바라기 때문이야. 내가 우월하려면 남은 열등해야 하며, 내가 선이려면 남은 악이어야 하지. 나보다 열등하거나 악한 남은 존중받는 대신 차별받거나 억압당해야 하고. 그런데 항상 자기 자신을 돌아보고 반성하는 사람은 자기가 속한 집단의 우위를 강조하거나 거기에 기대기보다 어제의 나보다 성숙한 오늘의 나를 위해 노력해.

우리 친구들은 어느 쪽에 속할까? 남과 견주어 나의 우월성을 찾고 확인하려는 사람들과 어제보다 성숙한 오늘의 나를 위해 노력하는 사람들 중에서 말이야.

이 책은 친구들의 인권에 대한 생각을 어제보다 오늘 더 성숙하게 하기 위한 길잡이가 될 수 있어. 다양한 질문을 통해 인권에 관한 친구들의 생각을 넓혀 주고, 인권의 역사가 어떤 발자취를 거쳐 오늘의 세계 인권 선언에 이르렀는지 알려 주고 있어. 마지막 장인 '희망을 만들어 가는 우리 이웃 이야기'는 특히 유익하고 재미있어.

　인권 문제는 나와 관련 없는 먼 이야기가 아니라 언제나 '지금 여기'의 일이라는 거 명심해.

　그럼 다양한 인권 이야기 속으로 들어가 볼까?

언론인 홍세화

| 이 책을 읽는 어린이들에게 |

인권의 시작은
친구가 되어 이야기를 들어 주는 것부터

요즈음 뉴스를 보면 자살하는 학생들 이야기가 심심찮게 나오고 있어. 얼마나 힘들었으면 부모님, 친구들에게 고민을 털어놓지 못하고 삶을 포기하는 선택을 했을까? 정말 안타깝고 슬픈 일이야.

조금 더 주위를 둘러보면 우리 주변에는 힘들게 사는 사람들이 참 많아. 하루아침에 직장에서 해고된 비정규직 노동자가 위험한 송전탑 위에 임시 숙소를 짓고 회사에 복직을 요구하고 있어. 꿈을 가지고 한국에 온 이주 노동자는 기계에 손가락이 잘려 나가도 불법 체류자라는 이유로 제대로 치료를 받지 못해.

인권이란 사람이 누려야 할 권리를 말해. 우리 주위에서 일어나는 일들을 인권의 관점에서 이야기하면 우리나라의 인권은 심각한 상황이라고 할 수 있어. 세계 인권 선언에는 모든 사람은 존엄하고 자유로우며 평등하게 태어났다고 나와 있어. 그런데 왜 이렇게 마땅히 누려야 할 권리를 누리지 못하는 사람들이 많을까?

이 책은 인권에 대한 전반적인 이야기를 다루고 있어.

1장에서는 우리 사회에서 일어나고 있는 다양한 인권 차별의 사례를 살펴보면서 진정한 인권의 의미를 생각해 보았으면 해.

2장에서는 세상을 바꾼 인권의 역사를 살펴보려고 해. 인류의 역사가 하루아침에 어느 한 사람의 힘으로 이루어지지 않았듯이 인권의 역사도 마찬가지야. 수많은 사람들이 왜 인권을 위해 목숨을 바쳐 싸웠는지 생각해 봤으면 좋겠어.

3장에서는 세계 인권 선언에 대해 알아볼 거야. 인권의 기준으로 삼고 있는 세계 인권 선언은 600만 명이나 목숨을 잃은 제2차 세계 대전 이후에 완성되었어. 더 이상 수많은 사람들의 희생을 가만히 지켜보고만 있을 수 없다고 해서 만들어진 것이지. 우리에게 어떤 권리가 있는지 세계 인권 선언을 꼼꼼히 읽어 보았으면 좋겠어.

4장은 우리 사회에서 소외된 사람들이긴 하지만 희망을 만들어 가는 이웃의 이야기야. 티베트 난민을 돕는 가게, 비닐하우스 마을의 작은 도서관 그리고 이 나라의 미래를 이끌어 나아갈 청소년 인권 활동가를 만날 수 있어.

모든 사람이 존엄하고 자유롭고 평등하게 태어났지만, 인간의 존엄을 무시하고 자유와 평등을 억압하고 있는 것이 우리가 살고 있는 이 사회의 현실이야. 벼랑 끝에 몰려 자살을 생각하는 사람들은 누군가가 자신의 이야기를 들어 주는 것만으로도 위로를 받는다고 해. 함께 울고 함께 공감해 주는 것만으로도 절망에서 사람을 구해 줄 수 있는 큰 힘이 된다는 거지.

　모든 사람이 인간다운 삶을 살기 위해서는 한 사람 한 사람이 힘을 모아야 해. 서로서로 친구가 되어 다른 사람의 이야기를 들어 주고 다른 사람의 아픔과 슬픔, 고통을 함께 공감하는 것이 인권의 작은 시작이 아닐까. 우리 친구들이 이 책을 읽고 인권에 한 걸음 더 다가갈 수 있으면 좋겠어.

글쓴이를 대표하여

전희정

차례

1 인권이 뭐예요?

글 신재일 **그림** 창작 집단 도르리

왜 아버지를 아버지라 부르지 못했을까? • 20
'결손 가족'이라는 단어에 숨은 편견 • 22
평등 가족? • 24
왕따, 학교 폭력 • 25
넌 여자니까! 난 남자니까! • 28
돼지고기나 쇠고기를 안 먹는 건 개인의 문제 • 30
낯선 사람들을 바라보는 차가운 시선 • 32
지구촌 시대의 눈에 보이지 않는 장벽 • 34
우리의 슬픈 현실 • 35
인간의 존엄성 • 36
조금 불편할 뿐이야 • 38
틀린 것과 다른 것 • 42
소수자들, 똑같이 대하는 것만이 평등일까? • 43
'우리'라는 말에 담긴 불편한 진실 • 45
너 행복하니? • 47
인권의 시작은 가까운 곳에서부터! • 48

2 세상을 바꾼 인권의 역사

글 김현식 **그림** 이광진

왕의 정치에서 의회 정치로! 영국의 명예혁명 • 52
식민지에서 주권국으로! 미국의 독립 전쟁 • 57
자유와 평등을 외치다! 프랑스 혁명 • 66
농민이 세상을 바꾸다! 동학 농민 운동 • 73
노동자와 농민의 나라를 꿈꾸다! 러시아 혁명 • 81
세계 역사를 바꾼 인권 운동가 • 89
우리 역사를 바꾼 인권 운동가 • 91

그림책으로 보는 인권 발은 넷, 신은 두 짝이니까 • 93

3 세계 인권 선언

글 류은숙 **그림** 홍선주

인권에도 기준이 필요해 • 98
모든 사람은 존엄하다 • 105
모든 사람은 자유롭다 • 109
모든 사람은 평등하다 • 117
모든 사람은 친구다 • 134
어린이가 주인공인 유엔 아동 권리 협약 • 145

사진으로 보는 세상 세계의 어린이들 • 150

4 희망을 만들어 가는 우리 이웃 이야기

글·사진 전희정

사직동, 그 가게 • 154
붕붕 도서관 • 161
청소년 인권 행동 아수나로 • 169

대중문화로 보는 인권 평화로운 삶을 사는 세상 • 176

세계 인권 선언문 • 178

지금도 지구촌 곳곳에서는 **종교**나 **정치**적 입장이 다르다는 이유로,
전쟁으로, **가난**으로, **가뭄**으로
기나긴 **난민 행렬**이 이어지고 있다.

모든 사람은 **자기 생명을 지킬 권리**가 있고,
자유를 누릴 권리가 있고,
자신의 **안전을 지킬 권리**가 있다.

모든 사람은 태어날 때부터
자유롭고 존엄하며
평등하다.
피부색, 성별, 종교, 언어, 국적,
생각이나 신념이
다를지라도
우리는 모두 평등하다.

① 인권이 뭐예요?

글 신재일 그림 창작 집단 도르리

선생님은 대학에서 학생들을 가르치며 오랫동안 정치를 연구해 왔단다. 정치와 인권은 아주 밀접한 관련이 있어. 인권은 인간이라면 누구나 누려야 할 **기본적인 권리**를 말해. 인권을 보장받지 못한다면 우리는 **행복**하게 살 수 없어. 특히 **어린이, 여성, 장애인** 같은 사회적 약자들이 **차별당하는** 경우가 많이 있단다. **1장**에서는 **인권 차별의 사례**를 통해 인권이 무엇인지 함께 생각해 보자.

왜 아버지를 아버지라 부르지 못했을까?

"낳아 길러 주신 부모님의 은혜를 입었음에도 불구하고 아버지를 아버지라 부르지 못하옵고, 형을 형이라 부르지 못하오니 어찌 사람이라 하겠습니까?"

어디서 많이 들어 본 말이지? 그래, 허균의 『홍길동전』에서 길동이 했던 말이야.

길동은 양반인 아버지 홍 판서와 여자 노비 사이에서 태어났어. 당시에는 본부인 말고도 첩*을 인정했지만, 첩이 낳은 자식인 서자는 본부인이 낳은 자식과 똑같은 대접을 받지 못했어. 첩이 낳은 자식은 과거 시험을 볼 수도 없었고, 집안 재산을 상속받지도 못했지.

게다가 '가문'을 중시하던 조선 시대에 가문의 대를 잇는 데에서도 차별받았어. 본부인이 낳은 자식이 없을 경우, 첩이 낳은 자식이 있더라도 '양자'를 들여 대를 잇게 했으니까 말이야. 이런 상황이다 보니 길동은 관직에 나가 출세할 수 없었고, 보잘것없는 '무늬만 양반'이었던 셈이지.

그런데 길동이만 그랬던 걸까? 조금 더 들여다볼게.

***첩**: 정식 아내 말고 데리고 사는 여자.

　조선 시대의 양반은 풍요롭고 호화로운 생활을 누린 반면, 양반이 아닌 사람들은 힘겹게 하루하루를 살아가야 했단다. 태어나면서부터 부모의 신분을 물려받았기 때문에 날 때부터 삶의 길이 정해져 있었어. 무슨 말이냐고? 부모님이 양반이면 나도 양반이고, 부모님이 천민이면 나도 어쩔 수 없이 평생 천민으로 살아야 했던 거야.
아무리 능력이 뛰어나도 이런 신분의 한계를 벗어날 수가 없었어.
낮은 신분에 속하는 사람들은 타고난 신분을 운명이라고 여기고 차별과 박해를 그저 당연한 것으로 받아들였어.

대한민국 헌법 제1조 제1항을 보면 '대한민국은 민주 공화국이다.'라고 나와 있어. 대한민국은 민주주의 나라라는 뜻으로, 민주주의 나라에서는 신분 차별을 인정하지 않아. 다시 말해 어떤 부모 밑에서 태어났는지, 어떤 신분을 타고났는지가 중요한 게 아니라, 그 사람의 능력과 노력에 따라 얼마든지 자신의 사회적 위치가 달라질 수 있다는 뜻이야.

헌법이나 법률 같은 제도로 볼 때는 『홍길동전』 시대의 신분 제도에 따른 차별이 없어진 거지. 그런데 말이야, 정말 우리 사회에 차별이 완전히 없어졌을까?

'결손 가족'이라는 단어에 숨은 편견

'결손 가족'이라는 말 들어 본 적 있니? 부모 중의 한쪽 또는 양쪽이 죽거나, 이혼하거나 따로 살아서 미성년인 자녀를 제대로 돌보지 못하는 가족을 표현하는 말이야. 그런데 '결손'이란 말에는 '모자라다', '불완전하다'는 의미가 포함되어 있어서 '결손 가족'이라고 하면 '뭔가 부족한, 불완전한 가족 형태'라는 말로 들려. 여기에는 '양쪽 부모가 모두 있어야 완전하다.'는 편견이 숨어 있기 때문이야. '장애인'의 반대 개념으로 '정상인'을 떠올리는 것과 비슷하지.

뭔가 부족하면 '나쁘다'라는 편견이 우리 안에 아주 깊이 박혀 있는

우리가 살고 있는 현대 사회는 가족의 구성 방식이 점점 다양해지고 있어.

것 같아. 뉴스를 보다 보면 아동 학대나 비행 청소년 문제 등을 이야기할 때 자주 거론되는 것이 바로 '결손 가족'이라는 단어야. '결손은 곧 불완전하다.'는 고정 관념과 편견 때문에 사람들은 이런 가족 형태를 쉽게 '범죄'와 연결 짓는 것 같아.

평등 가족?

한 가족은 모두 서로 평등한 관계에서 행복을 추구할 권리와 의무가 있어. 그런데 안타깝게도 아버지의 호통 한마디에 어머니를 포함한 가족 모두가 숨죽이며 불안에 떠는 가정을 볼 수 있어. 그 반대로 아내가 남편을 폭행하는 가정도 보았지. 하지만 우리나라의 결혼한 여성 가운데 남편에게 폭언을 듣거나, 신체적 학대를 받는 사람들이 상당히 많다는 조사 결과가 있어.

서로 사랑해서 가정을 꾸렸으면서 왜 부부 사이에 이런 폭력이 발생하는 걸까? 혹시 남성이 가정의 주인이고, 남성이 막강한 힘을 가지고 있다고 착각하는 건 아닐까?

'남성이 여성보다 더 귀하다.'고 믿는 사람들은 가족들이 아버지의 말을 따라야 한다고 생각해. 그러다 보니 모든 것이 아버지 위주로 흘러가는 경우가 많아. 나머지 가족의 의견은 제대로 존중받지 못하면서 말이야. 이런 가정에서는 아버지가 어머니에게 욕을 퍼붓거나 폭력을 행사하곤 해. 어린 자녀를 학대하는 것이 마치 남성 가장의 우월한 지위를 드러내는 거라 착각하기도 하지.

왕따, 학교 폭력

　친구들과 함께 어울려 놀고, 공부하며 미래의 꿈을 착실히 키워 나가야 할 학교. 그런데 우리의 현실 속 학교는 어떨까? 학교 폭력, 왕따, 빵셔틀……. 이런 말이 이제는 전혀 새로울 것도 없고, 놀라운 것이 아닌 슬픈 현실 속에서 살아가고 있어. 최근 조사를 보니 학교 폭력을 휘두르거나 피해를 입은 초등학생의 비율이 중학생이나 고등학생보다 훨씬 높게 나왔어. 어린 나이부터 학교 폭력에 이미 노출되어 있는 것이지.

　학교 폭력이란 누군가에게 육체적인 고통뿐만 아니라 마음의 고통을 주는 것까지 포함해. 언어폭력이라는 말도 있듯이 때리는 것만 폭

력이 아니라 말로 남의 마음에 상처를 주는 것도 폭력이 될 수 있어. 심한 욕이나 꾸지람, 헐뜯는 말 같은 것들이야.

학원에서도 이런 일들이 심심찮게 일어나고 있어. 학원에서 벌어지는 왕따나 집단 괴롭힘은 학생들 사이의 경쟁을 부추기는 학원의 특성상 더 자주 일어난다는 지적도 있어.

요즈음은 학교 폭력이 인터넷·SNS*·휴대 전화와 결합해 사이버 폭력으로까지 번지고 있어. 사이버 폭력이란 온라인상에서 남을 따돌리거나, 나쁜 소문을 퍼뜨리거나, 휴대 전화로 욕을 하는 따위의 행동을 말해. 최근에는 스마트폰을 이용하는 학생들끼리 집단으로 한 명을 따돌리거나 괴롭히는 현상이 심해지고 있다지.

괴롭힘을 당하는 친구는 그 스트레스가 매우 극심해져서 가출이나 자살을 시도하기도 해. 학교 폭력을 당한 피해자는 아주 오랜 기간 치유해야 하는 마음의 상처를 입어.

그런데 말이야, 학교 폭력 피해자가 느끼는 충격은 어마어마하게 큰 반면 가해자가 느끼는 죄의식은 아주 약하다고 해. 그게 바로 학교 폭력의 특징이야. 피해자는 자살까지 생각하며 힘들어 하는데 그 학생에게 피해를 준 가해자는 아무렇지도 않게 학교생활을 해 나간다는 거지.

잘못이라는 걸 누구나 아는데 왜 이런 학교 폭력은 도무지 줄어들지 않는 걸까? 혹시 나랑 상관없는 일이라 여기며 모두들 그냥 지나쳐 버

---

*SNS: 소셜 네트워크 서비스. 온라인상에서 친구, 선후배, 동료 등 아는 사람들과 관계망을 만들어 주고, 이들의 정보 관리를 도와주는 서비스를 말해.

따돌림당하는 친구를 도와주려고 했다가 자기도 따돌림을 당할 수 있다는 두려움 때문에 당당히 나서지 못하는 친구들이 많다고 해. 친구를 따돌리는 일에 동참하지 말고 괴로워하는 친구에게 다가가 말을 걸어 보면 어떨까?

리는 건 아닐까?

　친구를 왕따 시키는 아이들의 이유를 한번 들어 볼까? 그 아이가 하는 행동이 지질하다고? 키가 작다고? 못생겼다고? 한쪽 팔이 불편해서 함께 어울리기 싫다고? 다른 아이들이 다 하니까 나도 그냥 따라 하는 것뿐이라고? 하지만 장난으로 던진 그 돌멩이에 개구리는 맞아 죽을 수도 있어.

　잘못을 저질러 놓고, 그저 "몰랐어, 미안해!"라고 말하며 그냥 가 버리는 건 올바른 해결 방법이 아니야.

　입장 바꿔 생각해 봐. 네가 그런 상황에 처해 있다면 기분이 어떨지 말이야. 또 내 일이 아니라고 무관심하게 옆에서 보기만 한다면 언젠가 그 피해가 돌고 돌아 너에게 돌아올지도 몰라.

넌 여자니까! 난 남자니까!

"난 남자니까!"
"여자가 어딜 감히!"
　여성을 차별하는 생각이 고스란히 드러나는 말이야. 여성이라는 이유만으로 집이나 학교에서 차별 대우를 받았던 적은 없니? 여성과 남성이 육체적으로 차이가 있기는 하지만 그것이 누가 누구보다 더 우월하다거나 열등하다는 뜻은 아니야. 단지 남자와 여자는 신체 구조가 조금 다를 뿐이지.

많은 사람들이 여성과 남성은 성별이 다를 뿐 권리와 의무, 자격 등에서 차별이 없이 한결같다는 '양성평등'을 외치고 있어. 하지만 아직까지도 여성 차별이 많이 남아 있는 게 사실이야.

　때로 전통이라는 이름으로 이런 차별을 당연하게 여기기도 한단다. 여성은 모르는 남성 앞에서 얼굴을 드러내면 안 된다거나, 자동차를 운전할 수 없다는 등의 규칙을 정해 놓은 나라도 있어.

　법적으로 여성 차별이 금지되어 있어도 실제로는 여성을 업신여기거나 무시하는 일이 종종 벌어지곤 하지. 여성을 업신여기는 생각이 사회 전체에 고루 퍼져 있기 때문이야. 그 예로 한때 운전에 서툰 여성들을 비꼬는 우스갯소리가 유행처럼 퍼지기도 했어.

부르카를 쓴 아프가니스탄 여성
이슬람 여성들은 옛날부터 이슬람의 가르침에 따라 정숙함을 지키기 위해 얼굴을 가리는 가리개를 쓰고 다녔어. 아랍어로 가리개를 '히잡'이라고 해. 히잡의 종류와 명칭은 지역에 따라 다양해. 그중 부르카는 주로 아프가니스탄 여성들이 쓰는 것인데, 머리부터 발끝까지 모두 다 가리고 눈 부분만 앞을 볼 수 있게 망사로 만든 옷이야.

돼지고기나 쇠고기를 안 먹는 건 개인의 문제

이 세상에는 기독교, 이슬람교, 힌두교, 불교 등 다양한 종교가 있어. 물론 종교를 믿지 않는 사람도 있어. 우리는 분명 종교의 자유가 보장되는 사회에 살고 있으니, 무엇을 믿든 어떤 종교를 갖든 그건 개인의 자유야.

종교의 기본 정신은 이웃에 대한 사랑이야. 자신의 생각에 따라 종교를 선택할 수 있고, 그 종교의 가르침에 따라 쇠고기나 돼지고기를 가리는 건 개인이 선택할 문제야. 다른 종교를 얕잡아 보거나 무시하는 종교라면 제대로 된 종교라고 할 수 없어. 석가 탄신일이나 성탄절의 기쁨을 스님과 신부님이 모두 함께하는 것은 화합을 지향하는 종교의 가르침과 상대방 종교에 대한 존중을 의미한다고 생각해.

외국을 여행하며 우리와 다른 문화를 보고 배우는 것은 여행의 목적 가운데 하나야. 종교도 문화의 일부지. 사원이나 성당 같은 종교 건축물을 보며, 우리가 몰랐던 것을 배우고 그곳 사람들의 삶을 이해하는 것은 뜻깊은 일이야. 그런데 만약 '알라*를 믿는 사람들은 다 이상해.', '모슬렘**은 집에 폭탄을 숨겨 놓는다지.', '히잡 속에 분명 총을 숨겨 다닐 거야.' 같은 생각을 한다면 어떨까?

몇몇 모슬렘들이 저지른 테러로 인해 테러리스트는 모두 모슬렘이라는

***알라**: 이슬람교의 유일신.
****모슬렘**: 이슬람교를 믿는 사람들.

이 세상에는 수많은 종교가 있어. 하나의 신을 믿는 사람, 여러 신을 믿는 사람, 또 신을 믿지 않는 사람도 있어. 어떤 종교든 모두 행복한 삶을 살고자 하는 사람들의 꿈을 담고 있어.

편견이 생겼어. 하나의 예를 보고 마치 전체가 다 그런 것처럼 생각하는 오해에서 비롯된 거야. 잘 모르는 상황에서 이런 편견은 독버섯처럼 빠르게 번져 나가지. 서로를 진정으로 이해하려는 자세가 부족해서 그래.

낯선 사람들을 바라보는 차가운 시선

일반적으로 사람들은 자기와 다른 사람, 예를 들어 다른 고장 사람이나 다른 나라 사람에게 선뜻 마음을 열지 못하고 약간 의심하며 꺼림칙하게 여기는 경향이 있어. 이건 우리나라 사람들에게만 나타나는 현상은 아니야. 다른 나라 사람들에게도 이런 경향을 볼 수 있으니까. 하지만 우리나라 사람들은 오랫동안 '단일 민족'이라고 믿으며 살아왔기 때문에 이런 경향이 특히 두드러지는 편이야.

사람들은 자신에게 익숙하지 않은 낯선 존재에 때로 두려움을 느끼곤 하거든. 낯선 존재와 우리를 비교해 우리가 열등하다거나 혹은 우월하다는 감정을 갖고, 경계의 눈초리로 바라보는 사람들이 많아. 지금은 덜하지만 우리나라 사람들은 서양인 특히 백인에 대해서는 막연한 열등감을, 못사는 나라 사람들이나 유색 인종에 대해서는 쓸데없는 우월감을 느끼곤 했어. 같은 외국인이라 해도 백인에게는 아주 친절한 반면 유색 인종에게는 아주 불친절한 이중적인 모습을 보이곤 했지. 이런 이유 없는 친절이나 불친절은 모두 '구별 짓기'에서 비롯됐어.

특히 우리나라에 일자리를 찾아온 이주 노동자들이 많아지면서부터

외국에서 일자리를 찾아 우리나라에 온 이주 노동자들은 우리나라 사람들이 꺼리는 위험하고 힘든 일을 하고 있어.

이들에게 갖는 피해 의식도 점점 늘어나고 있어. 이주 노동자들이 건설 현장이나 서비스업 분야에서 우리나라 사람들의 일자리를 빼앗아 간다고 생각하며 이들을 미워하는 사람들이 있어. 분명 이들이 우리나라의 경제 성장에 도움을 주고 있음에도 불구하고, 이들과 함께 더불어 살려고 하지 않아.

많은 이주 노동자들은 자기 마음대로 일자리를 옮길 수 없어. 사장 허락 없이 공장을 옮겼다가는 나라에 등록되지 않은 '불법 체류자' 신분이 되어 버리거든. 사장에게 이런 권력이 있기 때문에 이주 노동자들은 일이 힘들거나 직장에서 무시를 당해도 심지어 폭행을 당해도 꾹 참으며 일하는 경우가 대부분이야.

그동안 피부색이 짙은 아프리카나 동남아시아 나라 출신들에게만 집중되었던 외국인 혐오증*이 요즈음에는 국적을 따지지 않고 더 많은 외국인에게 확산되는 추세야. 최근 고개를 든 서양인들에 대한 혐오 현상은 따지고 보면 각종 외국인 범죄에서 비롯됐어. 주한 미군, 외국인 학원 강사 등이 저지른 범죄가 잇따라 보도되면서 우리 사회에서 서양인에 대한 경계심이 높아진 거지.

마찬가지로 국적은 달라도 외모와 언어가 같아 상대적으로 가깝게 느껴졌던 중국 동포들도 최근엔 각종 비난에 시달리고 있어. 언론에 보도된 여러 범죄 사건 때문이야. 범죄를 저지른 사람이 중국 동포라는 이유로 안타깝게도 모든 중국 동포들을 예비 범죄자로 오해하는 거지.

지구촌 시대의 눈에 보이지 않는 장벽

자기와 다른 육체적, 문화적 특징이 있는 사람들을 의심의 눈초리로

***외국인 혐오증**: 외국인에 대한 공포증, 혐오증, 기피증을 이르는 말이야. 자신과 다르다는 이유로 근거 없는 공포에 사로잡혀 경계하는 심리를 말해. 영어로는 '제노포비아'라고 해.

바라보고 나아가 업신여기거나 깔보는 건 분명 잘못된 거야. 그런데도 이런 경향이 사회 전반에 널리 퍼져 있는 것 또한 사실이야.

'대나무 천장'이라는 말 들어 봤니? 미국에서는 '대나무 천장'이라는 말이 널리 사용되고 있는데, 한국인을 비롯한 아시아인이 미국 사회에서 편견의 벽에 갇혀 있다는 걸 상징적으로 보여 주는 단어야. 대나무는 아시아에서 특히 많이 자라는 식물이거든. 업무 능력이 우수한 아시아계 미국인이 외모가 아시아인이라는 이유로 사회와 직장에서 불이익을 받아 제대로 승진을 못하거나 지도자가 되지 못하는 현상을 '대나무 천장'에 걸렸다고 해. 미국 사회의 주류를 이루고 있는 백인이 '대나무 천장'을 만들어 아시아인을 차별하기 때문에 생겨난 말이야. 어찌 보면 여성들이 직장에서 보이지 않게 차별받는 유리 천장*이라는 말과도 일맥상통하지.

한국인을 비롯한 아시아인을 차별하는 미국 사회에는 분노를 느끼면서 우리 사회의 한 구성원이 된 이주민에 대해서는 외국인 혐오증에 가까운 편견을 드러내는 건 부끄러운 일인 것 같아.

우리의 슬픈 현실

인간이라면 누구나 인간답게 살아갈 권리, 즉 '인권'이 있어. 지금까

---

*유리 천장: 충분한 능력을 갖춘 사람이 직장 내 성차별이나 인종 차별 등의 이유로 고위직을 맡지 못하는 상황을 비유적으로 이르는 말이야.

지 글을 읽으며 "너무 당연한 것만 말하는 거 아니야?" 하고 의문을 가질지도 몰라. 흔히 '공자님 말씀'이라고 표현하는 것들이 있는데, 아주 고리타분하고 당연한 이야기라는 뜻이지. 그래, 인권이란 공자님 말씀처럼 당연한 것인데 우리의 현실은 어떠니?

모든 사람의 인권이 지켜지는 것이 당연한 것인데도 수없이 많은 인권 침해에 관한 뉴스가 매일 쏟아져 나오고 있어. 남녀 차별, 출신 지역에 따른 차별, 출신 학교에 따른 차별, 정규직과 비정규직 차별, 장애인 차별, 이주 노동자 차별……. 이런 게 현실이라면 대한민국이 차별 없는 나라이며, 인권이 제대로 보장되는 나라라고 당당하게 말할 수 있을까?

차이를 인정하며 누구나 다 함께 차별 없이 살아가는 행복한 세상, 이것이 바로 인권이 보장되는 사회일 거야. 어느 누구도 인종, 피부색, 성별, 종교, 사상, 신분, 국적, 언어, 재산 등이 다르다는 이유로 차별 받지 않는 그런 사회 말이야.

인간의 존엄성

인권은 '모든 인간은 존엄하다.'는 생각을 바탕으로 하고 있어. 인간은 누구나 태어나면서부터 모두 똑같은 존귀함을 지니고 있다는 뜻이지. 사람 위에 사람 없고, 사람 밑에 사람 없으니 인권의 무게는 누구에게나 똑같이 적용돼. 돈이 많고 적음에 따라, 지위가 높고 낮음에 따

라, 유명하고 안 유명하고에 따라 달라지는 게 아니야. 인간이 살아가기 위해 필요한 것들이 보장될 때 인간은 존엄하게 살아갈 수 있어. 그렇다면 사는 데 꼭 필요한 것은 무엇일까?

우선 먹고사는 문제가 해결되어야 해. 의식주가 해결되지 않고는 사람답게 살 수 없기 때문이야. 그다음으로 생명의 위협을 느끼지 않고 마음 놓고 안전하게 살 수 있어야 해. 폭력을 당하지 않아야 하고, 피해를 당하거나 위험한 상황에 놓이면 도움을 받을 수 있다는 안정감이 있어야 해. 두려움은 사람의 자유를 제한하고, 인간의 존엄성을 침해해.

또 스스로 생각하고 말하는 것도 아주 중요해. 자신의 의견을 당당하게 말할 수 있는 자유가 보장되어야 해. 그리고 건강하게 살 수 있어야 해. 꿈을 향해 나아갈 수 있는 권리 또한 필요하지.

더불어 사는 사회에서는 '누구나' 차별받지 않고 이런 권리를 동등하게 누릴 수 있어야 해. 누구나 사람답게, 인간의 존엄성을 보장받으면서 살아야 하지. 나누면 나눌수록 늘어나는 것! 인권이 특수하거나 특별한 것이 아닌 상식이 될 때, 인권을 숨 쉬는 공기처럼 자연스럽게 누릴 때, 인간의 존엄성을 지킬 수 있는 거야.

조금 불편할 뿐이야

선천적인 장애가 아니어도 우리는 누구나 후천적인 사고로 장애인이 될 수 있어. 하지만 장애인 친구를 대하는 우리의 태도는 너그럽지 못한 경우가 많아. '하필이면 왜 우리 반에 들어와서…….'라며 못마땅하게 생각하는 친구들이 있을지도 몰라.

장애가 있는 친구와 지낸 경험이 많지 않다면, 장애가 있는 친구를 자연스럽게 배려하는 일에 익숙하지 못해 무심코 상처를 주는 말이나 행동을 할 수도 있고 말이야.

우리나라 장애인 80퍼센트 이상이 건강하게 살다가 사고를 당해서 장애인이 된 사람들이야. 교통사고를 당하거나 위험한 작업 환경에서 일하다 다쳐 장애인이 되기도 하고, 큰 병에 걸렸는데 제때 치료받지 못해 장애인이 되기도 하지. 큰 아픔을 겪은 뒤 정신적인 장애를 입게 된 사람도 있어.

후천적 장애인이 생겨나지 않도록 하기 위해서는 안전한 환경을 만들어 사고를 예방하는 것이 가장 중요해. 또한 장애가 있어도 차별받지 않고 살아갈 수 있는 사회 분위기를 만드는 것도 필요해.

 "왜 하필 우리 아파트 옆에 장애인 시설을 만드는 거요? 결사반대요!"

 장애인 시설이 들어서면 아파트값이 떨어진다는 이유로 반대하는 사람들을 본 적이 있을 거야. 이처럼 자신의 이익만 생각하는 이기적인 행동을 님비 현상*이라고 해. 물론 장애인 시설을 반대하는 주민들을 무조건 나쁘다고 할 수는 없어. 그들도 자신들이 원하는 환경에서 살 권리가 있으니까. 하지만 장애인 시설을 무조건 혐오 시설로 여기는 편견은 사라져야 해.

***님비 현상**: 님비(NIMBY)는 '내 뒷마당에서는 안 된다(Not In My Backyard).'를 줄인 말로, 지역 이기주의를 뜻하는 말이야. 꼭 필요한 공공시설이지만 자신이 사는 곳에 생기는 것을 싫어하는 현상을 말해.

모두가 행복한 장벽 없는 세상 만들기
_배리어 프리(Barrier Free)

배리어 프리란 말 그대로 배리어(Barrier, 장벽)로부터 프리(Free, 자유로운)한 세상을 만들자는 운동이야. 몸이 불편한 사람들이 사회생활을 하는 데 장애가 되는 물리적, 제도적 장벽을 허물어 살기 좋은 사회를 만들자는 거지. 휠체어가 다닐 수 있게 건물의 문턱 없애기, 계단과 함께 경사로 설치하기, 기존의 버스를 저상 버스로 교체하기, 지하철역에 엘리베이터 설치하기 등이 있어. 휠체어를 탄 사람이나 장애인이 쉽게 사용할 수 있게 주방 설거지대나 화장실 세면대, 선반 높이를 낮추는 것도 마찬가지야. 자, 밖으로 나가 함께 찾아볼까?

이동식 휠체어 리프트 표지판

장애인 전용 주차 구역 표지판

계단과 함께 만든 경사로

길의 방향을 제시하는 점자 블록

지하철역 엘리베이터

휠체어가 다닐 수 있는 지하철 개찰구

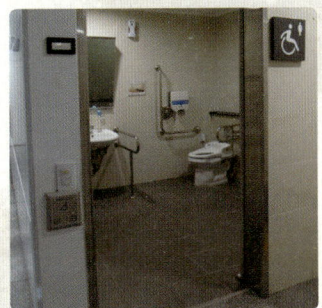
휠체어가 다닐 수 있는 큰 자동문

손잡이가 있는 변기

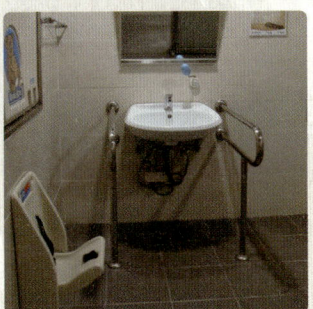
손잡이가 있는 세면대

틀린 것과 다른 것

'다르다'와 '틀리다'는 같은 뜻일까, 다른 뜻일까? '다른 것'을 '틀린 것'이라고 표현하면 맞는 걸까, 틀린 걸까? 질문이 헷갈린다고?

우리는 '틀리다'라는 말을 습관처럼 참 많이 써. "넌 우리와 틀려.", "네 생각은 나와 틀려."처럼 말이야. 빨간 색종이와 파란 색종이는 색깔이 틀린 게 아니라 단지 다를 뿐이야. 수학 문제에서 정답과 오답처럼 딱 정해진 답을 찾는 객관식 위주의 공부를 해서 그럴까? 세상에는 참으로 다양한 모습의 사람들이 다양한 방식으로 살아가고 있는데도 우리는 나와 다른 것은 무조건 틀리다고 해 버리거든.

나와 다른 것을 '틀린 것'이라고 단정 지을 때, 우리는 심각한 오해와 그릇된 편견에 사로잡히게 돼. '틀리다'라는 말에는 자신의 생각만 옳고 다른 사람의 생각은 옳지 않다는 의미가 담겨 있거든.

몸이 불편한 친구는 나와 조금 다를 뿐이야. 피부색이 검은 친구도 겉모습만 나와 조금 다를 뿐이고. 조금 다르다는 이유 하나만으로 또래 집단에서 제외하고 따돌린다면 우리 사회는 다양성을 점점 잃게 될 거야. 서로 틀리다고 이야기하면 더 이상 가까이 다가가기 힘들지만 서로의 다른 점을 존중하고 배려한다면 누구나 친구가 될 수 있을 거야.

소수자들, 똑같이 대하는 것만이 평등일까?

사람과 사람의 차이를 인정하고, 차이 때문에 차별받지 않도록 하는 것이야말로 인권의 첫걸음일 거야. 그렇다면 모든 사람에게 똑같은 기회를 주는 것만이 차별하지 않는 방법일까?

모든 사람은 평등하게 태어났다고 말하지. 하지만 태어난 다음에 자신의 능력과 노력에 따라 생기는 차이는 흔히 불평등이 아니라고 말해. 예를 들어 시험을 잘 본 아이들은 일찍 집에 가고, 시험을 못 본 아이들만 수업이 끝나고 남아서 교실 청소를 해야 한다면 어떨까? 이런 능력과 노력에 따른 차별은 그냥 받아들여야 한다고 생각하기 쉬워. 그러나 경쟁에서 진 사람은 능력이 부족하니까 차별받는 것이 당연한

것일까?

'누구나 열심히 하면 성공할 수 있다.' 사실, 이 말은 처음부터 그럴 가능성이 없는 사람들에게 무능력하고 게으르기 때문에 실패했다는 좌절감을 안겨 주기도 해. 뇌성마비 장애가 있는 친구에게 그렇지 않은 친구들과 똑같은 시험 시간을 주면 어떨까? 당연히 시험 시간이 부족해 점수가 낮게 나올 거야. 똑같은 조건, 똑같은 기회를 준다고 해서 차별이 없어지는 건 아니야. 그래서 사람마다 어떤 차이가 있는지 세심하게 살피고 필요한 것을 지원하는 적극적인 노력이 필요한 거야.

사회에서 소외된 여성, 소수 민족, 장애인 등은 보통 사람과 똑같은 기회를 주는 것만으로는 활발하게 사회에 진출하기가 현실적으로 어려워. 이런 사람들에게 더 많은 기회를 마련해 주는 것이 적극적인 평등 정책이야. 대학에서 지방 출신 학생들을 일정 수만큼 뽑는 제도도 이런 생각을 바탕으로 하고 있어. 일을 구하기 어려운 사람들을 위해 '고용 할당제'를 두어 일할 기회를 주는 것도 마찬가지 이유이고.

사람은 누구나 원하는 일자리를 얻어 자신의 꿈을 실현할 권리가 있어. 하지만 장애인은 비장애인보다 일하는 데 어려움이 많을 거라는 편견 때문에 일부 기업에서 장애인 고용을 꺼리곤 해. 법으로는 더 많은 장애인이 일자리를 얻을 수 있도록 회사 규모에 따라 장애인을 일정 수만큼 고용하도록 정해 놓았어. 그런데 대기업을 비롯한 공공 기관마저도 장애인 의무 고용 인원을 지키지 않고 있어. 장애인을 위한 다양한 복지 시설도 필요하지만 장애인이 원하는 직업을 얻고 당당한 사회 구성원으로 살아갈 수 있도록 장애인이 불편 없이 일할 수 있는 편의 시설을 갖추는 것도 우리가 노력해야 할 중요한 일이지.

'우리'라는 말에 담긴 불편한 진실

'우리나라'는 어디를 가리키는 말일까? '한반도'를 말하는 걸까? '남한'만을 가리키는 걸까? 우리나라에는 이주 노동자도 많고 다문화 가정도 많아. 다문화 가정에 살고 있는 아이들은 엄마와 아빠의 국적이 서로 다른 경우가 많은데, 이들도 대한민국을 우리나라라고 할까? 반대로 대한민국을 우리나라로 생각하고 있는데, 피부색이 다르거나 우리말이 서툴다고 '우리'에 끼워 주지 않으려는 경우는 없을까?

축구 경기에서 지나치게 승부에 집착해 상대 팀을 반드시 무찔러야

경기장 유리를 깬 과격한 축구 팬들

과격한 축구 팬들은 폭력을 행사하기도 해. '우리'를 지나치게 강조하는 것도 '우리' 안에 포함되지 않은 사람들에게는 소외감을 느끼게 해.

할 '적'으로 생각할 때, 훌리건*의 난동 같은 일이 일어나곤 해. 정정당당하게 즐기면서 경기를 하고, 경기가 끝나면 서로 애썼다고 토닥여 주는 모습이 더 멋지지 않니? 마찬가지로 애국심이 지나칠 때, 다른 나라를 '적'으로 생각하고 다른 나라 국민을 원수처럼 대하는 경우가 있어.

'우리'라는 말을 누군가를 제외하는 뜻으로 사용하거나, '우리'와 '적' 또는 '경쟁자'라는 대립 관계로 이해한다면 '우리'에 포함되지 않은 사람들의 인권은 중요하지 않게 여겨질 수도 있어.

전쟁은 인간을 집단적으로 편 가르는 극단적인 사례야. 불행히도 인류의 역사는 전쟁의 역사라 할 만큼 많은 전쟁이 있었지. 전쟁은 직접 전쟁터에서 총을 들고 싸우는 군인들은 물론 힘없는 노인, 여자, 어린아이까지 죽음으로 내몰아. 때로는 어린이들의 손에 총을 들려 전쟁터

*훌리건: 경기장에서 폭력을 행사하는 광적인 축구 팬.

로 내몰곤 해. 전쟁은 인권을 짓밟는 가장 최악의 상황일 거야.

지구촌 모든 사람이 함께 더불어 살아가려는 노력이야말로 인권을 소중하게 여기는 사람의 자세일 거야. '우리끼리' 잘 먹고 잘사는 게 아니라 '다 함께' 잘 먹고 잘사는 세상, 이것이 바로 인권이 바로 선 사회야.

너 행복하니?

한 조사에 따르면 우리나라 어린이와 청소년이 느끼는 주관적 행복 지수는 경제 협력 개발 기구*에 가입한 나라 가운데 가장 낮은 수준으로 나타났어. 주관적 행복 지수를 이루는 항목 가운데 건강 상태를 말하는 주관적 건강 지수와 삶의 만족도가 큰 폭으로 감소했지. 차별 경험은 삶의 만족도나 행복도를 감소시키는데, 초등학생 다섯 명 중 한 명이 외모나 성차별 등의 차별 경험을 했다고 해.

너희들은 어떤 어른이 되고 싶니? 아이들이 안전하게 학교에 다닐 수 있도록 좋은 교육 환경을 만들어 주고 폭력이나 범죄로부터 보호해 주는 건 어른들이 해야 할 몫이야.

하지만 왕따 문제, 학교 폭력 문제는 너희들이 직접

학교가 끝나면 이 학원에서 저 학원으로 '학원 뺑뺑이'를 도는 고단한 아이들. 언제쯤 공부 스트레스 없는 세상에서 살 수 있을까?

***경제 협력 개발 기구**: OECD, 경제 발전과 세계 무역 촉진을 위해 만든 국제기구.

나서서 노력해야 해. 괴롭힘을 당하는 친구를 모른 척하지 말고 그 친구에게 다가가 따뜻한 말을 걸어 보면 어떨까? 나도 괴롭힘을 당하지 않을까 두렵기도 하겠지만 모두가 조금씩 용기를 내면 세상을 바꿀 수 있어.

인권의 시작은 가까운 곳에서부터!

우리 모두 함께 살아가는 연습을 해야 해. 모두가 행복하게 살기 위해서 차별하지도, 차별받지도 않으면서 더불어 사는 법을 배워야 해. 그러기 위해서는 타인을 이해하고 배려해야겠지. 사람이라면 누구나 사람답게 대접받을 수 있는 권리가 있으니까. 나의 권리가 우선이라는 생각을 버려야 해. '우리 모두'의 권리가 존중받을 때 나의 권리도 자연스럽게 보장받으니까.

인권 문제가 시작되는 곳은 바로 우리 주변이란다. 주변의 자그만 일에서부터 인권을 소중히 여기려는 노력을 하지 않으면 전 세계의 인권을 외치는 것은 헛된 바람으로 끝날지 몰라.

그렇다면 어떻게 해야 할까? 어렵게 생각할 것 없어. 인권은 가정과 학교, 내가 있는 가까운 곳에서부터 시작하는 거야. 힘없는 친구들 괴롭히지 않기, 친구들의 약점을 놀리지 않기, 몸이 불편한 친구 도와주기 등 작은 행동이 바로 인권이 보장되는 평등한 사회로 향하는 첫걸음이니까.

모든 아이들이 편 가르지 않고 어우러져서 신나게 놀 수 있는 세상이 빨리 왔으면 좋겠어.

②
세상을 바꾼
인권의 역사

글 김현식 그림 이광진

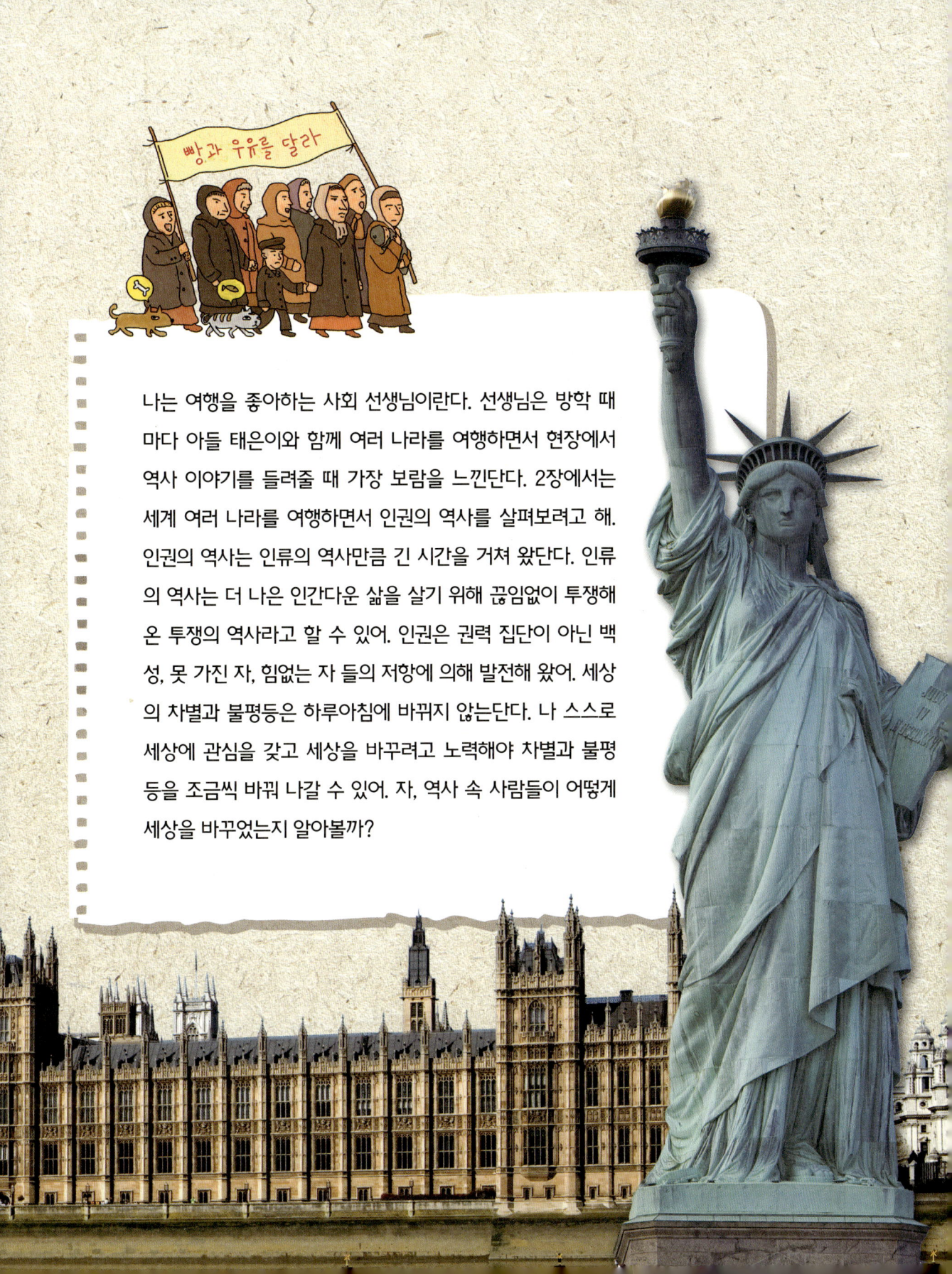

나는 여행을 좋아하는 사회 선생님이란다. 선생님은 방학 때마다 아들 태은이와 함께 여러 나라를 여행하면서 현장에서 역사 이야기를 들려줄 때 가장 보람을 느낀단다. 2장에서는 세계 여러 나라를 여행하면서 인권의 역사를 살펴보려고 해. 인권의 역사는 인류의 역사만큼 긴 시간을 거쳐 왔단다. 인류의 역사는 더 나은 인간다운 삶을 살기 위해 끊임없이 투쟁해 온 투쟁의 역사라고 할 수 있어. 인권은 권력 집단이 아닌 백성, 못 가진 자, 힘없는 자 들의 저항에 의해 발전해 왔어. 세상의 차별과 불평등은 하루아침에 바뀌지 않는단다. 나 스스로 세상에 관심을 갖고 세상을 바꾸려고 노력해야 차별과 불평등을 조금씩 바꿔 나갈 수 있어. 자, 역사 속 사람들이 어떻게 세상을 바꾸었는지 알아볼까?

 # 영국의 명예혁명

> 왕의 정치에서 의회 정치로!

명예혁명은 1688년 영국에서 일어난 최초의 시민 혁명이야. 피를 흘리지 않고 명예를 지키는 가운데 이루어졌다고 해서 명예혁명이라고 해. 영국에서는 명예혁명이 일어나기 전부터 왕과 의회가 서로 권력을 차지하기 위한 싸움을 계속했어. 지주와 상인이 중심이 된 의회의 힘은 커졌는데, 왕이 혼자 권력을 차지하려고 했기 때문이야. 청교도가 많았던 지주와 상인들은 왕의 절대 왕정을 비판하는 집회를 자주 열었는데, 이것이 청교도 혁명으로 이어졌어. 청교도 혁명으로 전제 정치를 펼친 찰스 1세는 유럽의 왕 중에서 처음으로 참수형을 당했어. 그 후 올리버 크롬웰이 권력을 잡았지만 올리버 크롬웰이 죽자 다시 왕의 정치로 돌아갔어.

 아빠, 요즘 뉴스를 보면 왕따 문제나 학교 폭력 문제가 심각해요. 성적 문제 때문에 자살하는 학생들도 많고요.

그래 태은아, 고통받는 학생들이 많다는 건 학생 인권이 잘 지켜지지 않고 있다는 말이기도 하지. 요즘 학생, 장애인, 여성, 이주 노동자 들의 인권 문제가 사회 문제가 되고 있는데 그래도 인권이 이만큼 발전해 온 건 역사 속에서 많은 사람이 인권을 위해 피를 흘리며 희생을 치렀기 때문이란다. 인권의 역사를 거슬러 올라가 보면 서양에서 민주

찰스 1세(1600~1649)
왕권신수설을 믿으며 전제 정치를 하다가 의회와 충돌하고 청교도 혁명으로 처형당했어.

올리버 크롬웰(1599~1658)
근대 유럽 역사에서 주목할 만한 통치자로, 찰스 1세에 맞서 청교도 혁명을 일으켰어.

주의가 가장 먼저 발달한 근대 영국을 떠올리게 돼. 우리 함께 1600년대 런던으로 가 볼까?

네, 인권의 역사가 어떻게 발전해 왔는지 궁금해요.

당시 영국 왕인 찰스 1세는 하느님으로부터 권력을 받았다는 왕권신수설을 믿으면서 전제 정치를 펼쳤어. 전제 정치란 왕이 나라의 권력을 모두 가지고 마음대로 휘두르는 정치를 말해. 이렇게 찰스 1세는 의회에서 왕의 권력을 제한할 수 없다고 생각했어. 1649년 올리버 크롬웰을 중심으로 청교도*들이 뜻을 모아 포악했던 왕 찰스 1세를 왕의 자리에서 끌어내리고 처형했어. 이 사건을 청교도 혁명이라고 해. 시대에 뒤떨어진 낡은 생각을 더 이상 믿지 말고 시민들이 정치를 해야 한다는 다짐을 하게 되었지.

사람들은 왜 왕권신수설이나 전제 정치에 따르지 않고 저항했나요?

'모든 사람은 태어나면서부터 다른 사람에게 건네줄 수 없는 고유한 권리를 가지고 있다.'라는 사상을 '자연권' 사상이라고 해. 제임스 2세를 비롯한 당시 왕이나 귀족들이 믿고 있던 왕권신수설과는 완전히 다르고 새로운 생각이야. 과학이 발전하고 지식이 널리 퍼지면서 왕이나 귀족 등 일부 특권 세력이 가진 생각이 잘못된 것이라는 걸 깨

***청교도**: 16~17세기, 영국 국교회에 반항하여 생긴 개신교의 한 교파를 말해. 영국 국교회는 왕을 지지했고, 청교도는 왕을 반대했어. 청교도는 도덕적인 생활을 하고 종교 교리에 충실했어. 또 금욕주의를 내세워 모든 놀이, 연극, 도박, 술 등을 좋지 못한 것으로 여겼어.

닫기 시작한 시민들이 생겨났어. 하느님이 왕에게만 권리를 준 게 아니라 모든 사람에게 권리를 주었다고 보게 되었지. 지금은 너무도 당연한 이야기이지만 말이야.

당시로 보면 정말 획기적인 생각이네요. 그래서 어떻게 되었나요?

결국 제임스 2세는 왕위에서 물러나고 그의 딸 메리 2세와 사위 윌리엄 3세가 영국의 공동 왕으로 오르게 되었단다. 이 공동 왕은 시민들로 구성된 영국 의회의 요구를 받아들였어. 그 후 왕이 마음대로 나라를 다스리는 것이 아니라 의회에서 만든 법으로 다스리게 되었어.

싸우지 않고도 왕이 순순히 물러났네요.

청교도 혁명이 왕을 처형하고 많은 사람이 죽는 큰 혼란을 겪었던 것에 비하면 이 사건은 피를 흘려 싸우지 않고 평화로우면서도 명예롭게 전제 군주를 몰아낸 사건이었어. 피 흘려 싸우지 않고 이길 방법이 있다면 그것보다 더 좋은 게 없겠지?

제임스 2세(1633~1701)
찰스 1세의 아들로, 왕이 된 후 아버지처럼 전제 정치를 펴 명예혁명으로 왕의 자리에서 물러났어.

아, 그래서 명예혁명이라고 하는구나.

그렇지. 왕이 마음대로 하던 전제 정치에서 벗어나 시민 대표로 구성된 의회에서

법을 정하고, 그 법에 따라 모든 사람에게 똑같이 적용하는 제도가 만들어진 거야. 왕을 몰아낸 방법은 평화로운 방법이었지만, 내용은 혁명적인 일이라고 봐. 뒷날 사람들이 '명예로운 혁명'이라는 표현을 써서 1688년에 일어난 이 사건을 명예혁명이라고 부르기 시작했어.

그런데 명예혁명이 인권과 무슨 관련이 있나요?

이듬해인 1689년, 영국 의회는 공동 왕인 메리 2세와 윌리엄 3세에게 '권리 장전'을 승인하도록 했어. 권리 장전의 내용은 인권과 민주주의 역사에서 아주 중요한 내용을 담고 있어. 내용을 보면 제임스 2세가 했던 여러 가지 일이 불법이라는 것을 밝히고, 의회가 찬성하지 않으면 어떠한 법을 만들거나 만들어진 법의 효력을 정지할 수 없다는 것이었어. 왕이 마음대로 세금을 거둘 수도 없고, 왕이 마음대로 군대를 유지할 수도 없게 되었어. 시민 입장에서 보면 지나친 세금을 내지 않아도 되고, 필요 없는 전쟁에 끌려가서 죽거나 다치지 않게 된 셈이지. 이러한 권리 장전을 바탕으로 영국 의회는 점점 더 많은 새로운 법률을 만들어 시민들의 인권을 보장하는 방향으로 나아가게 되었어.

'권리 장전'을 승인하는 메리 2세와 윌리엄 3세
영국 시민과 의회는 전제 군주 제임스 2세를 내쫓은 뒤 메리 2세와 윌리엄 3세를 왕으로 세우고, 왕이 되는 조건으로 왕의 권한을 축소하는 '권리 장전'을 승인하게 했어.

🔴 **그럼 왕이 완전히 사라진 건 아니에요?**

명예혁명 이후부터 '왕은 군림하나 통치하지 않는다.'라는 입헌 군주제의 전통이 만들어졌어. 지금도 영국은 형식적으로 왕이 존재해. 하지만 통치하는 힘은 의회로부터 나오기 때문에 왕은 상징적인 존재란다. 일본이나 태국도 왕이 있지만 실제 권한이 없지. 하지만 브루나이나 사우디아라비아 같은 일부 나라에는 아직도 왕이 있는데, 여전히 막강한 힘을 가지고 있어 입헌 군주제 이전의 절대 왕정과 비슷한 상태라고 보면 돼.

🔴 **우리나라도 지금까지 왕이 있었다면 어땠을까요?**

서울 경복궁이나 창덕궁에 왕이 지금도 살고 있다고 생각해 봐. 영국처럼 우리나라 왕이 사는 궁궐을 보러 지금보다 더 많은 관광객이 몰렸을 거야.

영국 국회 의사당
영국 런던 템스 강가에 있는 국회 의사당은 원래는 웨스트민스터 궁전이었는데, 상하원의 의회와 재판소로 이용되었어. 16세기부터 국회 의사당으로 쓰이다가 1834년 불이 나서 새로 지었다고 해.

미국의 독립 전쟁

식민지에서 주권국으로!

영국 국교회와 청교도 사이에 대립이 심해지자, 1620년 청교도들은 종교의 자유를 찾아 메이플라워호를 타고 영국에서 신대륙 북아메리카로 건너갔어. 그들은 신대륙에 정착해 새로운 삶을 살았어. 하지만 신대륙은 영국의 식민지 지배를 받고 있었지. 1775년에 일어난 미국의 독립 전쟁은 영국 식민지였던 북아메리카 13개 주가 영국의 세금 정책에 반발하여 일으킨 전쟁이야. 당시 영국은 세계에서 힘이 가장 센 나라였지만, 새로운 삶을 찾아 신대륙에 정착한 사람들의 독립 의지는 꺾을 수 없었어.

미국에는 영국 사람들이 많이 건너가서 살고 있었다고 들었어요.

영국에서 배를 타면 미국으로 갈 수 있어. 타이태닉호도 영국에서 출발하여 미국 뉴욕으로 가던 중에 사고가 난 거였지. 미국 사람들은 커피를 아주 많이 마셔. 왜 그럴까 생각해 보았니? 커피는 미국 독립 전쟁과 관계가 있단다.

잘 모르겠어요. 어떤 관계가 있나요?

그럼 미국의 역사를 간단히 살펴볼까? 이탈리아 탐험가 콜럼버스가 아메리카 대륙에 발을 내딛은 뒤, 많은 유럽 사람들이 배를 타고 가서 신대륙을 정복하며 자신들의 영역을 넓혀 갔어. 유럽 사람들에게 신대륙은 행운과 기회의 땅이었어. 자유를 찾아 떠난 영국 사람들은 북아메리카 동부에 식민지 열세 개를 만들었어. 그들은 왕을 세우지 않고 자신들의 대표자들로 의회를 만들어 자유롭게 살고 있었어.

물론 그 땅에 오래전부터 살고 있었던 원주민들은 백인 침략자들에 의해 땅을 빼앗기고 쫓겨나고 말았지만 말이야.

🔴 **원주민은 우리가 인디언이라고 알고 있는 사람들이죠?**

🔴 그래. 콜럼버스는 자기가 발견한 땅이 인도라고 생각했고, 그곳에 사는 사람들을 인디언이라고 불렀지. 명예혁명 이후 영국은 정치가 안정되고, 이어서 산업 혁명이 일어나 경제가 발달하기 시작했어. 공장에서 만들어 낸 많은 물건을 팔기 위해서는 더 넓은 시장을 찾아 나서야 했지. 면직 공업의 원료인 목화를 재배하고 공장에서 만든 면직물을 팔기 위해 식민지를 정복했어. 인도와 말레이시아 등이 영국의 식민지가 되었지. 영국뿐만 아니라 프랑스, 네덜란드, 포르투갈 같은 유럽의 여러 나라들도 식민지를 얻기 위해 아시아나 아프리카에서 서로 충돌하게 돼. 마치 먹이를 두고 서로 으르렁거리며 싸우는 동물

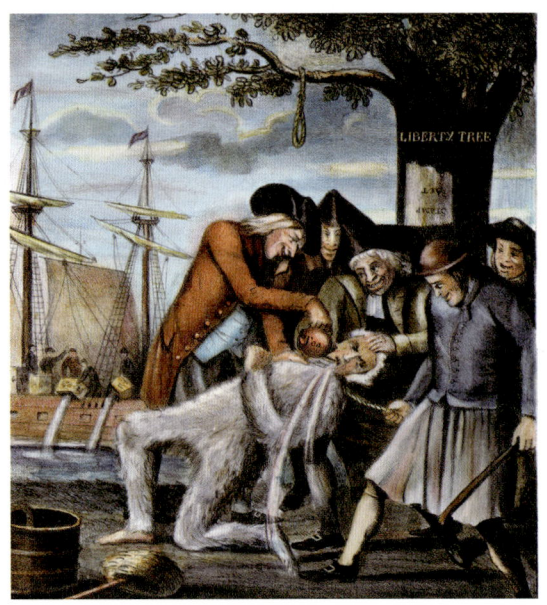

영국 사람들의 횡포와 원주민
북아메리카를 식민지로 만든 후 식민지 사람들에게 영국에서 수입한 홍차를 억지로 마시게 하는 모습을 그린 그림이야. 북아메리카가 영국으로부터 수입한 차에는 영국에서 정한 세금이 붙어 있었어.

들처럼 말이야.

 그래서 동남아시아 나라들이 대부분 식민 지배를 받은 거네요.

그렇지, 당시 영국과 식민지를 둘러싸고 가장 많이 부딪힌 나라가 프랑스야. 영국과 프랑스는 서로 이웃한 나라지만 역사적인 문제들로 사이가 좋지 않았어. 우리나라와 일본처럼 말이야. 북아메리카 식민지를 놓고서도 영국과 프랑스는 오랫동안 전쟁을 벌였어. 전쟁 비용을 마련하기 위해 영국이 만든 법 중 하나가 북아메리카 식민지에서 필요로 하는 물건에 높은 세금을 매기는 것이었어. 영국은 북아메리카 식민지에 공급하는 설탕이나 포도주 등에 세금을 내도록 했어. 또 식민지에서 사용하는 모든 서류에 인지*를 사서 붙이도록 했고.

북아메리카 식민지에서 사용하던 인지
영국은 1765년 인지법을 만들어 신문, 카드, 공문서, 각종 법률 문서에 세금을 부과했어. 왼쪽은 인지의 자세한 모습이고 오른쪽은 인지 여러 장을 붙인 모습이야.

세금을 많이 내라고 하면 누구나 싫어했을 텐데요.

식민지 사람들은 이런 영국의 조치가 옳지 않다고 여겼어. 갑자기 세금을 많이 내야 하고 물가가 오르니 생활이 힘들었겠지. 게다가 식민지 사람들은 계몽주의로부터 시작된 새로운 사상을 받아들이고

*인지: 수수료나 세금 낸 것을 증명하기 위해 서류에 붙이는 종이 표.

있었어. 자연권 사상이라는 거야. 사람은 태어날 때부터 생명이나 자유, 재산에 대한 권리를 가지고 있으며 이러한 권리는 누구에게도 건네줄 수 없는 불가침의 권리라는 거지. 식민지 사람들은 자신의 권리가 침해되는 것을 싫어하고 권리가 침해되면 '아니오'라고 말하는 용기를 가지게 되었어.

북아메리카 식민지에 뭔가 일이 생길 것 같은데요.

계속 들어 봐. 식민지 사람들은 '대표 없이 과세 없다.'라는 원칙을 정했어. 이 말은 북아메리카 식민지 의회가 세금을 정해야지 영국 의회가 식민지의 세금을 정해서는 안 된다는 거야. 학교에서 학생들이 참여하여 만든 규칙이 아니라, 선생님이나 학교에서 만든 교칙을 무조건 지키라고 하면 지키고 싶지 않은 것과 마찬가지야. 영국 정부의 법에 따르지 않고 식민지 사람들이 스스로 법을 만들어 독립하겠다는 의지를 보여 준 셈이야. 영국에 대한 반발로 영국 물건을 사지 않는 영국 상품 불매 운동도 크게 일어났어.

그래서 영국에서 수입한 차 대신 커피를 마시기 시작한 건가요?

그렇지. 북아메리카 식민지 사람들은 영국 상품 불매 운동이 퍼지면서 영국에서 수입한 홍차를 꺼리게 되었고, 값싼 커피를 마시기 시작했어. 북아메리카 식민지 사람들 입장에서는 영국에서 들여온 차를 마시는 것보다 커피를 마시는 것이 애국이었던 거야.

영국 시민들이 '자유'를 이야기하던 커피 하우스

🙂 그럼 영국에서는 커피를 안 마셨나요?

🙂 그건 아니야. 명예혁명이 끝나고 영국에서는 커피 하우스라는 게 생겨나기 시작했어. 이곳에서 많은 지식인들이 문학을 이야기하고 정치, 경제, 사회 등 여러 분야에 대해 자유롭게 토론하곤 했어. 하지만 대부분은 남성 전용이었대. 그런데 중요한 건 커피 하우스 같은 자유로운 만남의 장소가 청교도 혁명, 명예혁명 같은 시민 혁명, 지금으로 치면 인권 운동을 통해 생겼다는 거야. 오늘날 영국이 언론의 자유나 사상의 자유를 누릴 수 있는 것도 이런 역사적 장소가 있었기 때문이지.

🙂 아, 그렇구나. 또 어떤 일이 일어났나요?

🙂 1773년 인디언으로 가장한 식민지 사람들이 차를 가득 싣고 보스턴 항구에 머물고 있던 영국 배에 올라가 차 상자를 모두 바다에

식민지 세금 정책에 반발한 보스턴 차 사건

1773년 12월 16일 밤, 식민지 사람들은 영국이 제멋대로 정한 세금 정책에 반발해 영국 배를 습격해 차 상자를 바다에 던져 버렸어. 자신들의 배만 불리려고 할 뿐 식민지 사람들의 인권은 전혀 고려하지 않았던 영국에 불만을 표시한 거지.

던져 버린 '보스턴 차 사건'이 일어났어. 이 일로 영국은 더욱더 식민지를 강하게 탄압했고, 식민지 사람들은 영국의 지배로부터 벗어나 독립을 얻고자 했어.

 드디어 전쟁이 일어나는군요.

모든 전쟁을 할 때는 그 이유가 필요해. 1776년 7월 4일 식민지 사람들은 영국으로부터 독립을 얻기 위한 명분으로 '미국 독립 선언서'를 발표했어. 토머스 제퍼슨이 초안을 작성한 것으로 알려진 독립 선언서에는 민주주의 기본 원리와 인권 보장에 대한 내용이 담겨 있어.

구체적으로 어떤 내용이에요?

"모든 사람은 평등하게 태어났으며 누구에게도 넘겨줄 수 없는 생명과 자유, 행복을 추구할 권리를 가지고 있다. 이 권리를 지키기 위해 시민들은 정부를 만들었고, 정부의 권력은 시민의 동의로부터 나온다. 정부가 이러한 목적을 파괴할 경우 시민은 새로운 정부를 구성할 권리를 가진다." 이 독립 선언서는 인간의 존엄성, 평등, 자유 등의 기본권을 이야기하고 정부가 국민의 인권을 침해할 때는 국민이 정부를 바꿀 권리가 있다고 주장하고 있어. 명예혁명을 이룬 영국 못지않게 북아메리카 식민지 사람들도 의식이 깨어 있었던 것 같아.

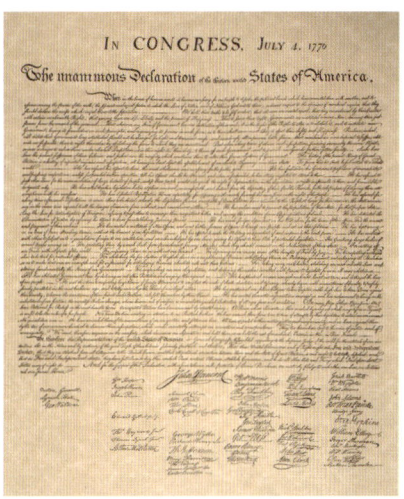

미국 독립 선언서 초안
1776년 7월 4일 발표한 미국 독립 선언서는 민주주의의 기본 원리와 인권 보장에 대한 내용이 담겨 있어.

미국의 독립 전쟁은 어떻게 진행되었나요?

처음에는 식민지군이 영국군에 밀리곤 했어. 세계 최강인 영국군에 맞선 식민지군은 약하기만 했지. 비록 조지 워싱턴 장군이 식민지군 총사령관으로 전투를 이끌었지만 이기기 힘든 싸움이었어. 그런데 사기가 떨어

미국의 독립을 승인하는 역사적 순간

토머스 제퍼슨을 포함한 5인 위원회가 작성한 미국 독립 선언서가 1776년 7월 4일 대륙 회의에서 승인되었어. 책상에 선언서를 놓는 가운데 가장 키 큰 사람이 토머스 제퍼슨이야.

진 시기에 식민지 사람들에게 끊임없이 용기를 불어넣은 사람이 있었어.

 그 사람이 누구예요? 어떤 일을 한 거예요?

토머스 페인이라는 사람인데, 1776년 1월에 『상식』이라는 책을 펴냈어. 그 책에서 왕이 다스리는 군주제를 비판하고, 시민이 주인인 민주적인 공화제가 필요하다고 주장했어. 영국이 식민지에 적용한 제도는 모든 인간이 평등하다는 '상식'에 어긋나기 때문에 영국으로부터 완전하게 독립을 얻어야 식민지에 새로운 정부가 들어선다고 했어. 『상식』은 미국 독립 전쟁에 큰 영향을 미친 책이야.

이런 용기 있는 사람들 덕분에 전쟁이 곧 끝나게 되는 거죠?

영국과 사이가 좋지 않은 프랑스가 북아메리카의 식민지 독립을 지원하여 영국에 선전 포고를 하고, 에스파냐와 네덜란드도 지원하는 등 국제 정세가 식민지에 유리하게 돌아갔어. 결국 1783년 파리에서 맺어진 평화 조약으로 식민지는 독립 국가가 되었어.

미국은 독립 후 어떤 변화가 생겼나요?

미국 독립 전쟁에 참여한 사람들은 대부분 농민이나 수공업자들로 귀족이나 부자가 아니었어. 그들은 전쟁이 끝나고 자신들의 목소리를 높이기 시작했어. 식민지 13개 주는 각각 권리 장전이나 권리 선언을 발표했어. '버지니아 권리 선언'을 보면 "인간은 누구나 평등하게 자유를 누릴 수 있으며, 자연의 법칙에 따라 누구나 당연히 행사할 수 있는 권리가 있다. 그 권리는 생명과 자유를 누릴 권리, 재산을 얻고 소유할 권리, 행복과 안전을 추구하고 얻을 권리이다."라고 나와 있어. 권리 선언에는 언론, 종교의 자유에 대해서도 규정하고 있어. 이러한 정신은 미국 사람들의 인권을 보장하고 훗날 노예 제도 폐지 운동으로 발전해 나갔어.

세계를 밝히는 자유, 자유의 여신상
자유의 여신상은 1886년 미국 독립 100주년을 기념하기 위해 프랑스가 미국에 선물했어. 지금은 미국의 상징일 뿐만 아니라, 전 세계 자유의 상징이 되었지.

프랑스 혁명

자유와 평등을 외치다!

16세기 들어 프랑스에서도 절대 왕정이 시작되었어. 루이 14세는 "짐은 곧 국가다."라고 표현했을 만큼 절대적인 권력을 휘둘렀어. 루이 14세는 화려한 베르사유 궁전을 짓고 귀족들을 불러 매일같이 호화롭고 사치스러운 파티를 열었어. 왕과 귀족이 사치스러운 생활을 하는 동안 농민들은 많은 세금을 바쳐야 했고, 수공업자와 상인을 비롯한 시민들의 불만도 커졌어. 1789년 7월 14일 결국 분노한 파리 시민들이 바스티유 감옥을 습격하면서 프랑스 혁명이 일어났어. 혁명에 성공한 사람들은 왕을 단두대에서 처형하고 왕 중심의 제도와 신분제를 없앤 후 국민이 주인인 공화제를 세웠어.

짐은 국가다.

🔴 **다음은 어느 나라인가요?**

🔵 이번에는 프랑스로 가 볼까? 베르사유 궁전에 대해 들어 봤니? 프랑스 왕 루이 14세가 20년에 걸쳐 만든 아주 웅장하고 화려한 궁전이야. 루이 14세는 '태양왕'이라고 불릴 정도로 대단한 권력을 가지고 마음대로 정치를 했던 사람이야.

루이 14세

🔴 **영국과 미국에서 일어난 혁명이 프랑스에도 영향을 미쳤나요?**

🔵 그렇단다. 당시 프랑스는 여전히 절대 권력을 행사하는 왕이 있었고 제1신분 성직자, 제2신분 귀족, 대다수를 차지하는 제3신분 시민으로 나뉜 신분제 사회였어. 제1신분과 제2신분

은 많은 토지를 가지고 있었지만, 나라에 세금을 거의 내지 않았어. 제3신분은 노동을 하거나 상업을 통해 번 돈의 많은 부분을 세금으로 내고 있었지만 실제로 권력과 재산은 왕과 성직자, 귀족이 차지하고 있었지.

제3신분이 가장 불만이 많았겠네요.

맞아. 당시 새로운 사상인 계몽주의의 영향과 미국의 독립 소식을 들으면서 제3신분을 대표하는 시민들과 사회의 변화를 바랐던 사상가들은 잘못된 프랑스의 사회 제도를 바꾸고자 했어.

그런 불만을 누그러뜨리기 위해 왕은 어떻게 했나요?

백성들의 불만이 커졌다면 왕은 잘못된 제도를 바꾸거나 바르게 고쳤어야 해. 그랬다면 혁명도 없었을 거야. 하지만 당시 왕 루이 16세는 혁명의 낌새도 알아차리지 못하고 여전히 호화롭게 살았고, 왕비인 마리 앙투아네트도 사치스러운 생활을 즐겼어. 프랑스는 북아메리카 식민지에서 일어난 독립

특권층을 먹여 살려야 했던 시민들

당시 프랑스는 신분 제도가 엄격한 신분제 나라였어. 제1신분은 성직자, 제2신분은 귀족, 제3신분은 시민이었어. 성직자와 귀족은 전체 인구의 2퍼센트도 안 되었지만, 세금 면제 등 온갖 특권과 혜택을 누리고 있었어. 이로 인해 시민은 고달픈 삶을 살아야 했고, 이 불만은 프랑스 혁명으로 이어졌어.

사치를 일삼던 루이 16세와 왕비 마리 앙투아네트

전쟁 때 식민지 편에 서서 군대를 보냈어. 영국과도 오랜 전쟁을 하고 있었기 때문에 군대를 유지하기 위해 더 많은 돈이 필요했지. 백성들은 인두세, 소금세, 교회에 바치는 세금 등을 내느라 아무리 일해도 가난을 피할 수 없었어.

왕이 백성들의 생활에 정말 무관심했네요.

그러게 말이다. 1789년 루이 16세는 세금을 더 많이 거두기 위해 '삼부회'를 소집하여 세금을 내지 않은 성직자와 귀족의 특권을 폐지하는 등의 개혁을 하려고 했어.

삼부회가 뭐예요?

삼부회는 성직자, 귀족, 시민 세 신분의 대표로 이루어진 신분제 의회야. 왕이 나라의 일을 의논하기 위해 세 신분의 대표를 모은 것이지. 제1신분인 성직자 대표 300명, 제2신분인 귀족 대표 300명, 제3신분인 시민 대표 600명을 뽑았어. 시민 대표를 다른 신분보다 두 배로 늘려서 뽑은 건 시민을 우대하는 것처럼 보이게도 하지만 시민은 전체 백성의 98퍼센트 가까이를 차지하기 때문에 따지고 보면 이것도 굉장히 불평등한 거야.

총 1,200명이니까 1인 1표로 해서 결정하면 되지 않나요?

그게 상식이겠지. 하지만 특권층인 성직자와 귀족은 제1, 2, 3신분을 각각 한 표로 하는 신분별 투표를 주장했고, 시민은 대표 수별 투표를 주장하며 서로의 의견이 엇갈렸어. 이에 반발한 시민은 삼부회에서 나와 '국민 의회'를 따로 만들었단다. 특권층인 성직자와 귀족이 자신들에게 불리한 법안에 찬성하지 않을 테니까.

왕이나 특권층은 국민 의회를 받아들이기 어려웠겠어요.

왕은 군대를 동원해서 국민 의회를 해산시키려고 했어. 하지만 이미 계몽주의의 영향을 받은 파리 시민들이 당시 악명 높은 바스티유 감옥을 습격하면서 프랑스 혁명이 터진 거야. 바스티유 감옥은 원래 파리를 보호하는 요새였는데 17, 18세기에 절대 왕정을 비판하는

분노한 파리 시민들, 바스티유 감옥을 습격하다

왕이 국민 의회를 무력으로 해산하려고 하자 분노한 파리 시민들은 바스티유 감옥을 습격했고, 이 사건은 프랑스 혁명의 원인이 되었어.

사람들을 잡아 가두는 감옥으로 사용되었거든.

그동안 쌓였던 시민들의 불만이 드디어 폭발한 거군요!

결국 1789년 7월 14일, 시민들은 바스티유 감옥을 점령했고, 파리를 포함해 프랑스 전체가 걷잡을 수 없는 혼란 속에 빠지게 되었어. 이 소식은 전국으로 퍼져 나갔어. 농촌에서도 폭동이 일어나 그동안 특권을 행사하며 백성을 괴롭힌 귀족들을 공격했어. 혁명이 일어나자 특권층은 자신들이 그동안 누려 왔던 특권들을 포기하는 선언을 했어. 특권을 가지고 있기보다는 목숨을 유지하는 게 더 시급했으니까.

시민들에게 박수를 보내고 싶어요. 그리고 어떻게 되었나요?

 국민 의회는 상황을 진정시키고 질서를 회복하기 위해 1789년 '인간과 시민의 권리 선언'을 발표하고, 전제 군주제를 입헌 군주제로 바꾸려고 했어. 이것을 '프랑스 인권 선언'이라고 하는데, 미국 독립 선언서와 비슷한 내용이 많아. "인간은 자유롭고 평등하게 태어났으며, 남에게 건넬 수 없는 권리인 자연권을 가지고 있고, 모든 주권은 국민에게 있다. 모든 시민은 직접 또는 대표를 통하여 법을 만드는 데 참여할 권리를 가진다. 사상과 언론의 자유를 누리며, 억압에 저항할 권리도 가진다." 한마디로 신분제 사회인 구체제를 뒤집어엎고 모든 사람이 자유롭고 평등하다는 내용을 담고 있어. 프랑스 인권 선언은 '세계 인권 선언'의 기초가 되었어.

1789년 8월 26일 국민 의회가 발표한 '인간과 시민의 권리 선언'

 프랑스 혁명의 정신이 지금까지 이어져 오나요?

 프랑스 혁명으로 프랑스 사람들은 자유, 평등, 박애를 얻어 냈어. 하지만 처음부터 그랬던 건 아니야. 당시 인권 선언에는 자유, 평

등만 나와 있는데 박애가 프랑스 혁명의 이념으로 들어간 것은 1793년 파리 회의에서 "공화국을 위해 흩어지지 말고 단결하라. 자유와 평등, 박애가 아니면 죽음을 달라."라는 표어가 나온 뒤부터야. 프랑스 혁명의 이념 속에는 인간 존중과 인간 존엄이라는 천부 인권 사상이 포함되어 있어. 1875년 제3공화국 헌법이 채택되면서 프랑스 혁명의 정신은 프랑스를 대표하는 정신으로 확실하게 자리 잡게 되었어.

혁명 지지자들이 모자에 달고 다니던 삼색 모표
파란색, 흰색, 빨간색은 후에 프랑스 국기의 색이 되었어.

단두대의 이슬로 사라진 루이 16세
1793년 1월 21일, 루이 16세는 백성들이 지켜보는 가운데 단두대에서 처형당했어. 백성들이 자신들을 착취한 왕을 처단한 사건이었지. 왕비 마리 앙투아네트도 루이 16세와 마찬가지로 단두대에서 목숨을 잃었어.

동학 농민 운동

농민이 세상을 바꾸다!

서양 제국주의 나라들이 동아시아까지 세력을 떨치고 조선 역시 일본에 의해 강제로 항구를 개방하게 되었어. 나라가 다른 나라의 간섭을 받는데도 관리들은 여전히 정신 차리지 못하고 부패를 일삼았어. 탐관오리들의 횡포와 착취에 견디다 못해 농민들이 무기를 들고 일어섰어. 이것이 1894년에 일어난 동학 농민 운동이야. 갑오년에 일어났다고 해서 갑오농민전쟁이라고도 해. 이웃 나라인 청과 일본의 개입으로 동학 농민 운동은 성공하지 못했지만 동학 지도자와 동학교도, 농민이 중심이 되어 지배층에 저항한 사회 개혁 운동으로 이후 항일 의병 투쟁과 3·1 운동으로 계승되었어.

 우리나라에도 인권이 발전하게 된 계기가 있나요?

 그럼, 당연하지. 그런데 주변 나라들과의 관계를 먼저 살펴봐야 해. 영국이나 미국, 프랑스는 시민 혁명을 겪으면서 인권이 보장되고 정치가 안정되었지. 특히 영국은 산업 혁명을 거치면서 경제적으로도 부를 쌓아 가기 시작했고. 자본주의가 발전하면서 이들은 더 많은 물건을 팔기 위해서 무력을 동원하여 다른 나라를 침략하기 시작했어. 당시 영국과 같은 나라를 제국주의 나라라고 해.

영국이나 프랑스가 자기 나라의 인권은 보장했지만, 아시아나 아프리카 같은 다른 나라의 인권에는 관심이 없었다는 얘기네요.

그런 셈이야. 영국은 인도와 말레이반도를 삼켰고, 프랑스는 베트남, 라오스, 캄보디아를 식민지로 삼았어. 당시 우리나라를 비롯한

동아시아 지역도 제국주의 나라들의 위협과
침략을 받고 있었어.

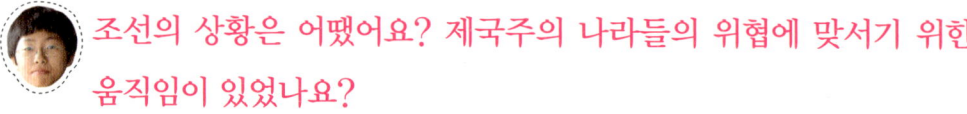

 중국에서는 아편 전쟁이 일어났죠?

그래, 영국은 차 마시는 문화가 유행하면서 중국
차를 대량으로 사들였는데, 청에는 영국 물건이
별로 팔리지 않았어. 그러자 영국은 식민지 인도에서
재배한 아편을 청에 팔았고, 아편 중독자가 늘자 청은 아편 무역을 금
지시켰어. 아편 전쟁은 이것을 빌미로 영국이 청을 공격한 사건이야.

아편 전쟁의 결과는 어떻게 되었나요?

전쟁에 진 청은 영국에 많은 것을 양보하며 문호를 열게 되었어.
일본 역시 미국에 개방하게 되면서 19세기 말 동아시아는 서양 제
국주의 나라에 문을 열게 되었지. 조선도 일본에 의해 강제로 항구를
개방하게 되었어.

 조선의 상황은 어땠어요? 제국주의 나라들의 위협에 맞서기 위한
움직임이 있었나요?

청이 영국과 서양 세력에 힘없이 굴복하고, 일본마저 미국에게 굴
욕적으로 개항하는 것을 본 조선의 선비들은 나라를 지킬 새로운
방법을 찾고 있었어. 그러던 때에 최제우가 '동학'을 창시했지. '서학'이

라고 부르던 서양의 학문과 종교에 맞서기 위해 동학이라는 이름을 붙인 거야.

동학에 대해 더 자세히 알고 싶어요.

경주에서 태어난 최제우는 '한울님과 사람은 평등하다.'라는 '천인여일' 사상을 주장했어. 양반과 천민 등으로 나누는 신분 제도가 옳지 않다고 생각한 거지. 가난한 사람이나 부자, 남자와 여자의 차별도 옳지 않다고 했어. 그리고 누구나 한울님을 믿고 정성을 다하면 군자가 될 수 있다고 했어. 군자란 유교를 이념으로 삼았던 조선에서 가장 이상적인 인간으로 생각하는 본보기야. 그래서 동학을 믿고 따르는 사람은 주로 차별받던 농민, 천민, 여성이었어.

사람이 평등하다는 생각은 서양에서 일어난 시민 혁명의 이념과도 통하네요. 조선의 지배층에서는 동학을 위험하게 여겼겠어요.

조선의 왕과 지배층은 동학이 사회를 혼란스럽게 하는 위험한 사상이라 여기며 탄압하기 시작했고, 결국 최제우를 잡아서 처형하고 말았어. 최제우에 이어 최시형이 동학을 널리 퍼뜨리기 시작했지. 가혹한 정치에 시달리던 많은 백성들이 희망을 찾아 동학교도가 되었어. 조선 정부에서는 최시형도 잡으려고 했지만, 최시형은 오랫동안 피해 다니면서 동학

한울님과 사람은 평등하다.

동학의 창시자 최제우(1824~1864)
최제우는 당시 혼란스러운 대내외 정세를 극복하기 위해 서학에 맞서 동학을 창시했어. 동학은 우리의 민속 신앙을 비롯해 유교, 불교, 도교를 아우르는 종교로, '사람이 곧 하늘이다.'라는 평등 사상으로 발전했어.

동학 제2대 교주 최시형(1827~1898)
1864년 최제우가 죽고 제자인 최시형이 동학의 제2대 교주가 되었어. 나라에서 동학을 강하게 탄압하자 피신해 다니면서 동학을 확장시키기 위해 노력했어.

정신을 가르치고 동학교도들을 모았어. 보따리 하나만 가지고 도망을 다녔다고 해서 최시형의 별명은 '최보따리'였다고 해.

최시형은 어떤 생각을 가지고 있었나요?

최시형은 '사람 섬기기를 한울님 섬기듯 하라.'라는 '사인여천' 사상을 발전시켰어. '집안의 모든 사람을 한울님같이 공경하라, 며느리를 사랑하라, 노비를 자식같이 사랑하라, 모든 사람을 한울님으로 인정하라, 손님이 오거든 한울님이 오셨다 하고 말하라, 어린이를 때리지 말라, 이는 한울님을 치는 것이니라.'와 같은 내용이야. 조선 시대에 천대받았던 여자와 어린아이를 한울님이라고 한 것은 대단히 혁명적인 생각이었어.

그런데 동학 농민 운동은 왜 일어났나요?

전라도 고부에 조병갑이라는 사람이 고부 군수로 부임해서 온갖 노략질로 백성들을 괴롭혔어. 이를 보다 못해 동학교도였던 전봉준을 중심으로 1894년 저항 운동이 일어났어. 1894년은 갑오년이고, 농민들이 들고 일어났다고 해서 갑오농민전쟁 또는 동학 농민 운동이라고 해.

그래서요. 동학 농민 운동은 어떻게 되었나요?

고부에서 시작된 농민들의 봉기는 점점 세력이 커져서 농민군이 전주성을 점령하게 되었어. 다급해진 정부는 농민들의 요구를 들어주겠다는 약속을 하고 농민군도 해산하라고 했어. 하지만 정부는 다른 한편으로 청에 군대를 보내 달라고 요청을 해 놓은 상태였지. 동학 농민군은 폐정 개혁안을 제시했어. 폐정 개혁안이란 당시 정치와 경제 등 여러 부분에서 불합리하고 부당한 것을 고쳐 달라는 것이야.

동학 농민 운동의 지도자 전봉준(1855~1895)
아버지가 고부 군수 조병갑의 횡포에 대항하다가 목숨을 잃자 동학 조직을 이용해 농민들을 모아 봉기를 일으켰어. 농민군의 힘을 모아 정부 관아를 습격해 탐관오리를 몰아내고, 죄 없이 감옥에 갇힌 농민들을 풀어 주고, 백성들을 괴롭히는 나라의 낡은 제도를 뜯어고치려고 했지.

폐정 개혁안은 어떤 내용을 담고 있나요?

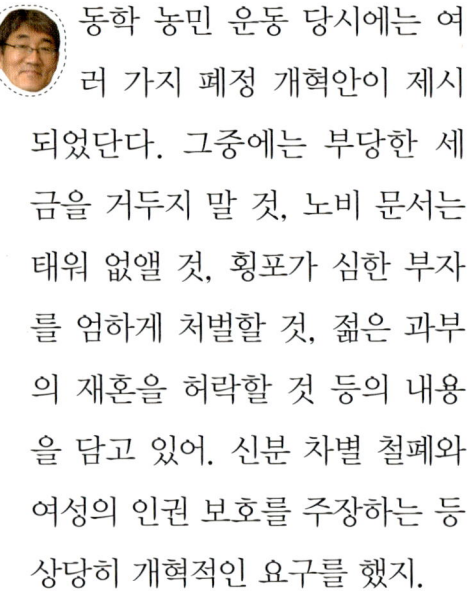

폐정 개혁안 12개 조항

1. 동학교도는 정부와의 원한을 씻고 협력한다.
2. 탐관오리의 진상을 조사하여 처벌한다.
3. 횡포가 심한 부자를 엄하게 처벌한다.
4. 불량한 유림과 양반을 징계한다.
5. 노비 문서는 태워 없앤다.
6. 일곱 가지 천민 차별을 없애고, 백정에게 씌우는 패랭이를 벗게 한다.
7. 젊은 과부가 다시 시집가는 것을 허락한다.
8. 확실하지 않은 잡세는 모두 폐지한다.
9. 관리는 집안을 보지 않고 능력을 보고 등용한다.
10. 왜와 통하는 자는 엄하게 처벌한다.
11. 모든 빚은 무효로 한다.
12. 토지는 똑같이 나누어 경작한다.

- 오지영, 『동학사』, 1940

동학 농민 운동 당시에는 여러 가지 폐정 개혁안이 제시되었단다. 그중에는 부당한 세금을 거두지 말 것, 노비 문서는 태워 없앨 것, 횡포가 심한 부자를 엄하게 처벌할 것, 젊은 과부의 재혼을 허락할 것 등의 내용을 담고 있어. 신분 차별 철폐와 여성의 인권 보호를 주장하는 등 상당히 개혁적인 요구를 했지.

 폐정 개혁안대로 실제 개혁이 이뤄졌어요?

아니야. 전주성을 점령한 동학 농민군은 정부의 약속을 믿고 전주성을 내줬어. 그 뒤에 각 고을에 집강소*라는 자치 기구를 설치하여 잘못된 제도를 하나씩 고쳐 나갔어. 그러다 청의 군대와 함께 들어온 일본군이 궁궐을 침범하고 청일 전쟁을 일으키자 동학 농민군은 다시 모였어. 동학군은 일본군을 몰아내기 위해 싸움을 벌였지만 우금치

***집강소**: 농민이 주인이 되어 이끌어 간 지방 자치 기구야. 관리들의 조세 장부를 검열하여 잘못된 점을 고치거나 각 고을을 지키는 군인을 뽑고 백성들이 요구하는 민원을 해결하는 일을 했어.

전투에서 크게 패하고 전봉준도 체포되고 말았어.

결국 동학 농민 운동은 실패로 끝난 건가요?

어떤 면에서는 실패라고 할 수 있지만, 당시 농민들이 요구한 폐정 개혁안은 정부도 받아들이지 않으면 안 되는 내용들이 많이 들어가 있었어. 그래서 정부에서 개혁을 실시했는데, 이를 '갑오개혁'이라고 해. 내용은 신분 제도를 없애고, 너무 어린 나이에 부모가 정해 준 사람에게 시집가는 조혼을 없애고 과부의 재혼을 허용하는 내용 등이

포함되어 있어. 조혼한 여성의 경우 교육을 받지 못하고, 어린 나이에 아이를 낳고 시부모를 모셔야 하는 처지가 돼 버려. 조혼 금지나 과부의 재혼 허용은 여성 인권 향상에 큰 발전이라고 봐야겠지.

동학 농민 운동으로 우리나라에서도 인권에 대한 관심이 크게 높아졌네요. 지금도 동학이라는 종교가 있나요?

그렇지. 동학 농민 운동 이후에도 동학은 계속 유지되다가 천도교로 이름을 바꾸어 지금도 믿는 사람이 있단다. 많은 동학교도들은 3·1 운동 때도 만세 운동에 앞장섰고, 어린이라는 말과 어린이날도 방정환 선생님을 비롯한 천도교 신자들이 만든 거란다. '사람이 곧 하늘이다.'라는 천도교의 '인내천' 사상은 우리나라 인권 역사에 아주 중요한 정신이란다.

어린이를 사랑한 방정환(1899~1931)
어린이 문학가이자 어린이 운동가였던 방정환은 우리나라 최초 어린이 문화 운동 단체인 '색동회'를 조직하여 소년 운동에 앞장섰고, 잡지 〈어린이〉를 창간했어.

 # 러시아 혁명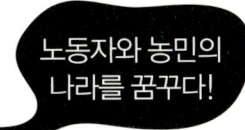

노동자와 농민의 나라를 꿈꾸다!

1904년 일어난 러일 전쟁에서 패한 러시아는 경제적으로 매우 어려워졌어. 1905년 1월 22일 일요일, 10만 명이 넘는 노동자들은 개혁을 요구하며 왕 니콜라이 2세가 있는 겨울 궁전으로 향했어. 왕의 군대는 무력으로 시위대를 진압했고, 천 명이 넘는 사상자가 발생했어. 이 사건을 '피의 일요일'이라고 하고, 1917년에 일어난 러시아 혁명의 불씨가 되었어. 2월 혁명과 10월 혁명 두 차례 혁명이 일어났는데, 노동자와 농민이 주체가 되어 왕을 몰아내고 세상을 바꾸고자 한 혁명이야.

 아빠, 마지막으로 살펴볼 나라가 어디인가요?

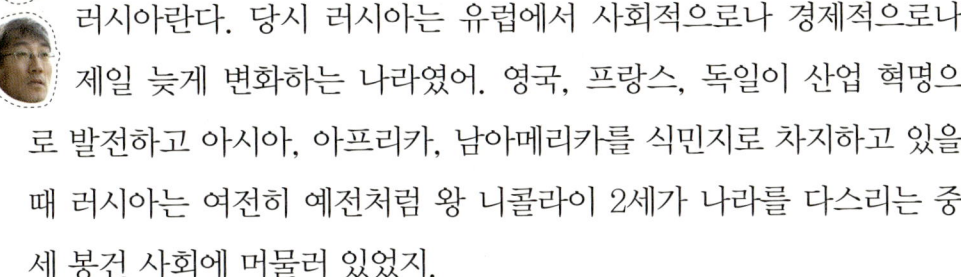

러시아란다. 당시 러시아는 유럽에서 사회적으로나 경제적으로나 제일 늦게 변화하는 나라였어. 영국, 프랑스, 독일이 산업 혁명으로 발전하고 아시아, 아프리카, 남아메리카를 식민지로 차지하고 있을 때 러시아는 여전히 예전처럼 왕 니콜라이 2세가 나라를 다스리는 중세 봉건 사회에 머물러 있었지.

 시민 혁명이 일어나지 않았다는 말이죠?

그래. 산업 혁명으로 자본가들은 공장에서 물건을 많이 만들어 큰 이익을 얻었지만, 공장에서 일하는 노동자의 사정은 그렇게 좋지 않았단다. 쉬는 날도 없이 매일 하루에 10시간 이상 일해야 했고, 어린이들마저 학교에 가지 않고 공장에 가서 일하곤 했어. 힘든 노동과 영양실조로 노동자들의 평균 수명도 아주 짧았다고 해. 가진 자들은 계속 배를 불리면서 어린이와 노동자의 인권은 무시하고 있었던 거지.

 시민 혁명이 일어나도 여전히 어려운 사람들은 있었네요.

그 당시 시민이란 지금과 달리 돈이 많은 사람들로, '부르주아지'라고 해. 원래 부르주아지란 중세 시대 프랑스 도시에 살던 사람들을 말하는데, 산업의 발달로 돈을 많이 벌면서 자본가라는 의미로 쓰이게 되었어. 이와 반대로 아무것도 가진 것 없이 공장에서 일만 해야 하는 사람들이 생겨났는데, 이들을 '프롤레타리아*'라고 해. '재산이 없는 사람'이라는 뜻이야. 프랑스 작가 빅토르 위고가 쓴 『레 미제라블**』을 보면 가난한 장 발장은 빵 한 조각을 훔치고 19년 동안 감옥에 갇혀 있었어. 시민들이 어느 정도 자유는 얻었지만, 경제적으로는 여전히 힘들었던 프랑스 혁명 직후의 상황을 알 수 있어.

 **자유는 있지만 평등하지 않다는 말이네요.**

이처럼 사회는 이치에 맞지 않고 잘못된 '모순'을 띠고 있었지. 이런 모순이 어디에서 나왔는가, 어떻게 이런 문제를 해결할 것인가에 대해 깊이 고민한 사람이 마르크스라는 사람이야. 마르크스는 산업 혁명 이후에 나타난 빈부 격차는 사유 재산 제도 때문이라고 생각해서

***프롤레타리아**: 노동자.

***레 미제라블**: 프랑스 작가 빅토르 위고가 1862년 발표한 장편 소설이야. 프랑스 민중들의 비참한 삶과 프랑스 혁명을 소재로 하고 있어. 민중들에 대한 작가의 관심과 사회 개혁 의지를 보여주지.

사유 재산 제도를 없애고 모두가 고르게 잘사는 세상을 만들고자 했어. 마르크스가 생각한 좋은 사회는 개인 능력대로 사는 자본주의가 아닌 모두가 고루 나누며 잘사는 사회인데, 그걸 사회주의라고 해.

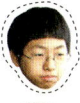
사회주의란 말이 어려워요.

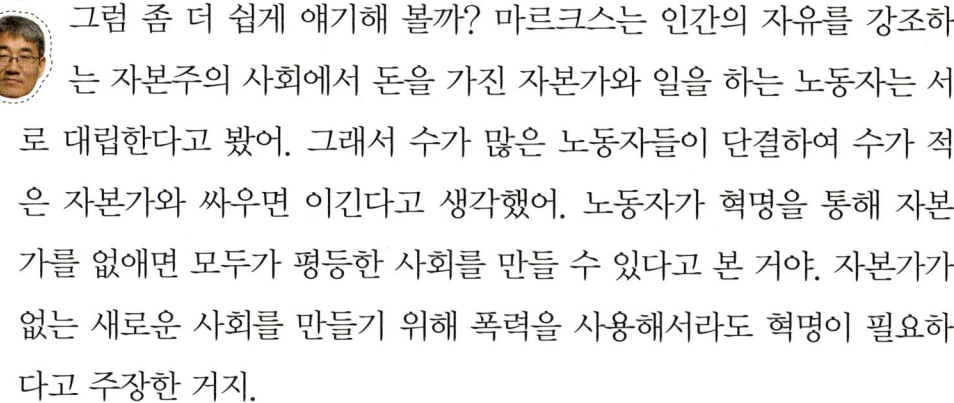
그럼 좀 더 쉽게 얘기해 볼까? 마르크스는 인간의 자유를 강조하는 자본주의 사회에서 돈을 가진 자본가와 일을 하는 노동자는 서로 대립한다고 봤어. 그래서 수가 많은 노동자들이 단결하여 수가 적은 자본가와 싸우면 이긴다고 생각했어. 노동자가 혁명을 통해 자본가를 없애면 모두가 평등한 사회를 만들 수 있다고 본 거야. 자본가가 없는 새로운 사회를 만들기 위해 폭력을 사용해서라도 혁명이 필요하다고 주장한 거지.

그럼 러시아에서도 혁명이 일어났나요?

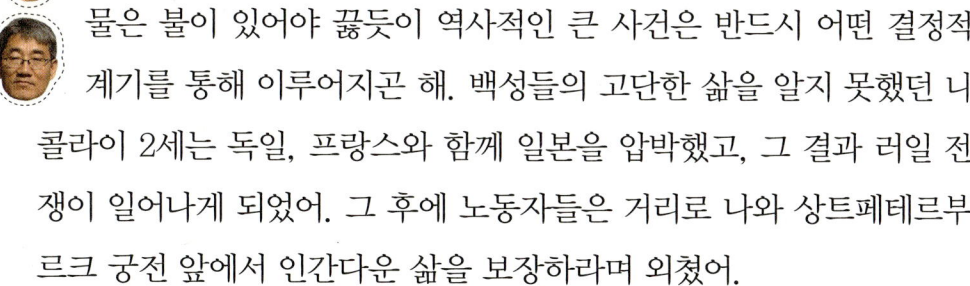
물은 불이 있어야 끓듯이 역사적인 큰 사건은 반드시 어떤 결정적 계기를 통해 이루어지곤 해. 백성들의 고단한 삶을 알지 못했던 니콜라이 2세는 독일, 프랑스와 함께 일본을 압박했고, 그 결과 러일 전쟁이 일어나게 되었어. 그 후에 노동자들은 거리로 나와 상트페테르부르크 궁전 앞에서 인간다운 삶을 보장하라며 외쳤어.

왜 노동자들이 거리로 뛰쳐나왔어요?

러시아 혁명의 배경이 된 상트페테르부르크 궁전
1905년 1월 22일, 왕의 군대가 쏜 총에 수많은 러시아 시민이 쓰러졌던 혁명의 장소 상트페테르부르크 겨울 궁전이야. 1917년 10월 혁명이 일어난 곳이기도 해. 겨울 궁전의 별궁에는 에르미타주 박물관이 있는데 영국 박물관, 프랑스의 루브르 박물관과 함께 세계 3대 박물관 중 하나야.

러시아가 러일 전쟁에서 패하자 백성들의 생활은 더욱 어려워졌어. 노동자들은 1905년 1월, 니콜라이 2세에게 노동 조건 개선을 비롯한 시민의 기본적 권리를 보장해 달라는 진정서를 제출하기 위해 평화적인 시위를 했어. 당시만 해도 노동자들은 니콜라이 2세가 자신들의 요구를 들어줄 것이라고 믿고 있었어. 하지만 정부는 그런 사람들에게 무자비하게 총을 쏘았어. 이 사건을 '피의 일요일'이라고 해. 사람들은 정부에 분노하고 저항하기 시작했어.

정치적으로 무능했던 니콜라이 2세 (1868~1918)

왕이 가난한 노동자와 농민 편이 아니라는 걸 알게 된 거지. 결국 이 사건은 러시아 혁명으로 발전하게 되었어.

러시아 혁명은 어떻게 진행되었나요?

1914년 유럽에서는 제1차 세계 대전이 일어났어. 제국주의 나라들끼리 서로 식민지를 많이 차지하려는 전쟁이었어. 러시아도 이 전쟁에 참가했는데 전쟁이 오래될수록 러시아 백성들은 살기가 어려워지고 군인으로 전쟁에 나간 사람들은 죽거나 다치는 사람이 많아졌어. 남아 있는 사람들의 고통은 더 커졌어. 어린이들에게 먹일 빵과 우유조차 구하기가 힘들어졌어. 사랑하는 아이에게 먹을 것을 주지 못하는 어머니들의 마음이 어떠했겠니?

너무 힘들었을 것 같아요.

러시아 달력으로 1917년 2월 23일* 세계 여성의 날을 맞아 러시아 여성들이 시위에 나서게 되었고, 니콜라이 2세의 정치에 불만을 가진 노동자, 농민, 군인 들이 합류하면서 혁명으로 진행되었어. 그들이 요구한 것은

소외된 자들의 삶을 위한 행진
약하고 힘없는 여성과 노동자들은 사회에서 소외되기 마련이야. 인권은 소외된 자들이 스스로 문제를 인식하고 참여해야만 바뀔 수 있어. 러시아 혁명도 소외된 여성과 노동자들이 참여해 이루어 낸 혁명이야.

*1917년 2월 23일: 지금 달력으로 3월 8일.

'빵과 평화', '땅과 자유'였어. 굶주림으로부터 벗어나고 피 흘리는 전쟁을 하지 않으며, 농민들에게는 농사를 지을 땅과 시민들에게는 자유를 달라는 것이었지. 결국 니콜라이 2세는 왕의 자리에서 물러나게 되는데, 이것을 '2월 혁명'이라고 해.

러시아에서는 프랑스나 영국과 조금 다른 혁명이 일어났네요.

러시아는 경제적으로 유럽에서 가장 뒤떨어진 나라였다고 했지? 자본주의가 제대로 발달하지도 않았고, 시민 혁명도 없었어. 대신 사회주의 혁명이 일어났지. 1917년 2월 혁명 이후 그해 10월 24일*에 레닌이 주도하여 일어난 혁명을 '10월 혁명'이라고 해. 노동자와 농민 세력이 '소비에트**'를 통하여 정권을 잡게 되었어. 러시아 혁명은 노동자들과 농민, 여성들이 자신의 권리를 지키겠다는 정신으로 일어나서 전 세계에 엄청난 영향을 미쳤어.

러시아 혁명 이후에 인권의 어떤 부분이 보장되었나요?

마르크스가 주장하는 사회주의는 '인간

레닌(1870~1924)
러시아 교육자 집안에서 태어난 레닌은 러시아의 주인은 왕과 귀족, 부자가 아니라 농민과 노동자, 군인이라고 생각했어. 10월 혁명을 이끌고 혁명의 지도자로서 새로운 나라를 만들기 위해 노력했어.

*10월 24일: 지금 달력으로 11월 6일.
**소비에트: 평의회.

의 완전한 자유와 평등'이 보장되는 사회야. 유아와 어린이에 대한 양육과 교육을 국가가 보장하기 시작했지. 나라가 유치원, 학교를 통해 아이들을 무료로 교육했어.

🙂 하지만 실제로 사회주의 나라에서는 인권 보장이 제대로 되고 있지 않았던 것 같아요.

🙂 누구나 평등하고 행복하게 사는 나라를 만들겠다고 혁명이 일어났지만 실제로 대부분의 나라에선 이상과 다르게 인권이 억압되거나 탄압받는 일들이 일어났어. 평등을 강조하다 보니 자유가 지나치게 억압을 받은 것이지. 하지만 하루 8시간 노동, 여성이나 어린이 등 약자에 대한 보호, 누구에게나 혜택을 주는 보편적 복지 제도 등은 본받을 만한 것이라고 봐.

🙂 어휴, 정말 전 세계의 많은 사람들이 인권을 위해 피 흘리며 싸웠네요.

🙂 그래, 하지만 아직도 갈 길이 멀단다. 우리나라가 민주주의 나라이고 인권이 보장된 나라라고 하지만 주변을 살펴보면 여전히 많은 차별이 있고 억압이 있는 게 사실이야. 그 예로 언제 잘릴지 모르는 비정규직 노동자, 동남아시아나 개발 도상국에서 일자리를 찾아온 이주 노동자나 결혼 이민자, 몸이 불편한 장애인, 길에서 자는 노숙자, 직장을 구하지 못한 실업자, 방황하는 청소년과 보호가 필요한 어린이들이 있어.

인간은 누구나 존엄하고 그에 마땅한 행복을 추구할 권리를 가지고 태어났어. 앞으로 우리들도 이러한 억압과 차별을 없애야 하고 잘못된 생각이나 제도, 법을 고쳐 나가는 데 함께 힘을 모아야겠지? 영국의 명예혁명이나 프랑스의 시민 혁명, 미국의 독립 전쟁, 조선의 동학 농민 운동, 러시아 혁명이 어느 한 사람이 이끌어 간 게 아니라 수많은 사람들이 뜻을 모으고 움직여서 이룩한 일이듯이 말이야.

새로운 사회에 대한 열망, 10월 혁명
레닌이 사회주의 깃발을 들고 정부가 있는 상트페테르부르크 겨울 궁전으로 쳐들어 가는 장면이야. 1917년 10월 24일, 레닌을 중심으로 노동자, 농민, 군인이 단결하여 임시 정부를 몰아내고 권력을 잡았어. 이를 '볼셰비키 혁명' 또는 '공산주의 혁명'이라고 해. 이로써 세계 최초로 노동자와 농민의 정부를 내세운 사회주의 나라가 탄생했어.

세계 역사를 바꾼 인권 운동가

인류의 역사가 한 사람에 의해 쓰여지지 않았듯, 인권의 역사도 자유와 평화를 사랑하는 수많은 사람들의 뜨거운 열정과 끊임없는 노력으로 이루어졌어.

나에게는 꿈이 있습니다.

마틴 루서 킹 주니어 (1929~1968)

미국의 목사이며 흑인 인권 운동가야. 인도의 간디처럼 흑인 인종 차별에 대해 비폭력 불복종 운동을 펼쳤어. 미국은 영국으로부터 독립을 하고 이후 남북 전쟁으로 노예 제도가 폐지되었지만, 여전히 흑인 인종 차별은 없어지지 않았어. 마틴 루서 킹 주니어는 피부색이 검든 희든 모두가 차별 없이 평등하게 사는 세상을 만들기 위해 노력했어. 이러한 노력으로 1964년 노벨 평화상을 받기도 했어. 하지만 안타깝게도 인종 차별주의자에 의해 암살당했어.

왕가리 마타이 (1940~2011)

케냐의 환경 운동가로, 미국에서 대학 공부를 한 뒤 다시 케냐로 돌아와 농촌 여성들과 함께 아프리카 삼림 보호를 위해 애썼어. 1977년부터 아프리카의 사막화 방지를 위해 3000만 그루 나무를 심는 그린벨트 운동을 시작했어. 한 그루 나무를 심는 일로 시작한 환경 운동이 곧 여성 운동이었고, 그것이 사회 운동과 평화 운동이 되었어. 왕가리 마타이는 독재 정권에 맞서 케냐의 민주화와 아프리카 평화에 맞서 싸운 평화 운동가로도 훌륭한 업적을 남겼어. 아프리카 여성으로는 처음으로 2004년에 노벨 평화상을 받았어.

성공한 사람은 모두 여러 번 넘어져 본 사람들입니다. 그러나 그들은 언제나 스스로를 일으켜 세워 다시 전진했습니다.

달라이 라마 (1935~)

티베트의 정신적 지도자이자 정치적 지도자야. 독립 국가였던 티베트는 1950년대 중국에 강제로 나라를 빼앗겼어. 일부 티베트 사람들은 인도로 망명했지만, 대부분의 사람들은 중국의 지배 아래 고통받고 있어. 티베트 독립을 요구하는 운동이 달라이 라마를 중심으로 일어나고 있고, 때로는 폭력적인 모습으로 나타나기도 해. 달라이 라마는 인도 다람살라에 티베트 망명 정부를 세우고 헌법을 만들고, 예술 학교를 세워 티베트 문화의 정체성을 지키고 있어. 티베트 독립 운동을 비폭력 방식으로 진행하여 1989년에 노벨 평화상을 받았어.

용서는 자기 자신에게 베푸는 가장 큰 선물입니다.

아웅 산 수 치 (1945~)

1962년부터 미얀마는 군사 독재 정부가 통치하고 있어. 1988년 8월 8일 민주화 운동이 일어났지만 성공하지 못했어. 이때부터 아웅 산 수 치는 민족 민주 동맹을 만들어 군사 독재 정부에 맞서기 시작했어. 자비와 사랑을 바탕으로 하는 불교 신앙과 비폭력 방법으로 저항했지만, 군사 독재 정부는 아웅 산 수 치를 집에다 가두었어. 1990년 총선거에서 아웅 산 수 치가 이끄는 민족 민주 동맹이 승리했지만, 군사 독재 정부는 선거가 무효라고 주장했어. 아웅 산 수 치는 민주주의와 인권을 위한 비폭력 투쟁에 일생을 바쳐 왔으며, 그 노고로 1991년에 노벨 평화상을 받았어. 이후 국회 의원에 당선되었고, 민주 정권을 세웠지만, 2021년 군부가 정권을 빼앗으면서 현재는 구금되어 있어.

두려움으로부터 자유를!

우리 역사를 바꾼 인권 운동가

우리나라 인권의 역사를 바꾼 주인공들은 왕, 양반, 가진 자 들이 아닌 농민, 노비, 노동자 들이었어. 그들의 외침에 귀를 기울여 볼까?

왕후장상의 씨가 따로 있나?

만적 (?~1198) 고려 시대 노비

고려 신종 때 권력가 최충헌의 노비였어. 고려 시대 무인들이 정권을 잡았던 시기가 있었는데, 누구든지 힘이 있으면 성공할 수 있다는 생각에 만적은 노비들을 모아 새로운 세상을 만들고자 했어. 하지만 배신자의 밀고로 탄로가 나 모두 붙잡히고 말았어. 만적은 우리 역사에서 신분 해방을 위해 애썼던 최초의 인물로 기록되고 있어.

전봉준 (1855~1895) 조선 시대 농민

키가 작아 녹두 장군이라고 불린 동학 농민 운동 지도자였어. 동학 정신에 동감하여 동학 교단에 들어가 활동했지만, 동학을 널리 전하기보다는 혁명을 일으켜 나라를 바로 세우고자 했어. 부패한 관리들이 백성들에게 높은 세금을 물리고 재산을 빼앗아 가는 것을 보고 뜻을 같이하는 사람을 모아 함께 싸우기로 했어. 오랜 준비 끝에 1894년 동학 농민군을 이끌고 전주성을 점령하여 정부로부터 잘못된 제도를 고치겠다는 약속을 얻어 내기도 했어.

나라를 지키고 백성을 편안하게 하자!

> 내 죽음을 헛되이 하지 말라!

전태일 (1948~1970) 1970년대 노동자

가난으로 초등학교도 제대로 마치지 못하고 서울 청계천 평화시장에서 노동자로 살았어. 어린 여자아이들이 적은 월급과 좋지 않은 환경에서 오랜 시간 일하는 모습을 보면서 노동 운동에 관심을 가지게 되었어. '바보회'라는 모임을 만들어 노동자를 보호하는 근로 기준법을 가르치고, 정부 기관에 진정서를 올리기도 했어. 1970년 11월 13일, 근로 기준법을 지키지 않는 사업주에 항의하기 위해 시위를 벌였지만 제지당하자 몸에 불을 붙이고 "근로 기준법을 준수하라! 우리는 기계가 아니다!"라고 외치며 죽어 갔어.

이태석 (1962~2010) 2000년대 종교인

장래를 보장받은 의사가 되었지만, 세상에서 가장 가난한 곳에서 의술을 펼치고 싶다는 어린 시절의 꿈을 포기할 수 없었어. 2001년 뒤늦게 신부가 되었고, 신부가 되자마자 아프리카에서 가장 척박한 땅, 남수단의 황무지 톤즈로 떠났어. 수단은 20년 넘게 내전이 벌어지고 있어 누구도 가고 싶어 하지 않는 곳이었어. 그곳에서 가난하고 아픈 이들을 치료해 주었어. 배움에 목마른 아이들을 위해 학교를 세워 아이들을 가르쳤으며, 직접 악기를 배우고 악보를 만들어서 아이들에게 음악을 가르쳤어. 그곳 사람들은 이태석 신부를 수단의 슈바이처라고 불렀어. 안타깝게도 대장암으로 마흔여덟 짧은 생을 마감했지만, 지금도 톤즈에서는 이태석 신부를 그리워하는 사람들의 음악이 울려 퍼지고 있어.

"……내가 진실로 너희에게 이르노니 내 형제 중에 지극히 작은 자 하나에게 한 것이 곧 내게 한 것이니라……."
『마태복음』 25장 40절

그림책으로 보는 인권

> 난민촌에서 피어난 두 소녀의 따뜻한 이야기

발은 넷, 신은 두 짝이니까

『노란 샌들 한 짝』 글 카렌 린 윌리엄스 & 카드라 모하메드 그림 둑 체이카

『노란 샌들 한 짝』은 페샤와르라는 파키스탄 국경 마을 난민촌에서 만난 두 소녀의 이야기를 다룬 그림책이야. 올해 열 살인 리나는 구호 센터 사람들이 트럭에 잔뜩 싣고 온 헌 옷 더미 속에서 꽃이 달린 노란 샌들 한 짝을 구했어. 2년 만에 신어 본 신발이었지. 전에 신던 신발은 아프가니스탄에서 페샤와르까지 걸어오는 동안 다 닳아 버렸거든. 나머지 한 짝을 찾으려고 두리번두리번거리다 나머지 한 짝을 신고 있는 여자아이와 눈이 마주쳤어. 그런데 그 여자아이가 아무 말없이 샌들 한 짝과 함께 휙 돌아가 버리는 거야.

어느 날 리나가 빨래터에서 빨래를 하고 있는데, 나머지 한 짝의 주인공인 페로자가 나타나 샌들 한 짝을 주고 가 버렸어. 샌들 두 짝을 들고 따라가며 리나가 이렇게 이야기해.

"오늘은 네가 두 짝 다 신어. 내일은 내가 신을게. 발은 넷, 신은 두 짝이니까."

이렇게 샌들 한 켤레로 리나와 페로자는 친구가 돼. 그 후로 둘은 함께 물을 길으러 가거나 각자의 텐트도 놀러 가고, 학교 교실을 기웃거리기

도 해. 노란 샌들을 한 짝씩 나눠 신고 말이야. 그러다 리나네 가족이 망명자 명단에 올라 난민촌을 떠나게 되면서, 리나는 신발 한 짝을 페로자에게 줘. 리나가 떠나는 날 페로자가 신발 한 짝을 다시 주며 나중에 꼭 만나 함께 신자고 하면서 이야기는 끝이 나.

　이 책에서 가슴이 뭉클했던 장면은 리나가 샌들을 서로 하루씩 양보하며 신자고 하는 장면이었어. 리나와 페로자는 다시 만나 사이좋게 샌들을 한 짝씩 나눠 신었을까? 아니면 영원히 만나지 못했을까?

　매년 6월 20일은 유엔이 제정한 '세계 난민의 날'이야. 원래 난민은 생활이 어려운 사람들, 전쟁이나 천재지변 등으로 어려움에 처한 이재민을 뜻했는데 최근에는 인종, 국적, 종교, 정치적 이유로 집단으로 망명한 사람들도 난민이라고 해. 다닥다닥 붙은 난민 텐트촌에서 물을 길어 나르고 구호품을 받으려고 모여든 사람들을 TV나 신문에서 본 적 있지? 우리가 집에서 편안하게 보내고 있는 지금 이 순간도 지구촌 어딘가에서는 1분에 여덟 명 꼴로 난민이 생기고 그들은 고향을 등진 채 피난을 떠나고 있어. 전 세계 8000만 명의 난민에게 안전한 쉼터가 필요하다고 해.

난민촌 이야기는 나와 상관없는 먼 나라 이야기처럼 들리겠지만, 그들의 아픔과 슬픔을 내 문제처럼 공감하는 것에서 인권은 시작된다고 생각해. 왜냐하면 우리 주변에도 난민만큼이나 어려움에 처한 사람들이 많이 있거든. 조금만 관심을 갖고 주위를 둘러보면 장애인, 비정규직 노동자, 이주 노동자, 독거노인, 노숙자, 철거민 등등 많은 이들이 고통받고 있다는 걸 알 수 있어. 인권 문제는 주변에서, 또는 나에게 일어나는 문제에 대해 관심을 갖고 스스로 해결하려고 노력할 때 바뀔 수 있어. 주변에 왕따, 학교 폭력 문제로 고민하는 친구들이 있을 거야. 내 문제가 아니니까 모른 척하고 싶겠지만 왕따나 학교 폭력 문제는 모른 척한다고 해서 해결되지 않아. 잘못된 것은 잘못되었다고 말할 수 있는 용기를 내야 해. 혼자가 두렵다면 주위 사람들과 함께 힘을 모아서 말이야. 함께 힘을 모으면 어려운 문제도 해결할 수 있어. 이 글을 읽고 고민하는 친구들은 벌써 인권 문제를 해결하는 첫걸음을 내딛은 거야.

세계 인권 선언

❸

글 류은숙 그림 홍선주

친구들 안녕! 나는 오랫동안 인권 활동가로 일해 왔단다. 그래서 인권 활동가의 경험을 친구들에게 들려주려고 해. 친구들 중에 인권 활동가에 관심이 있는 친구들은 얼마나 될까?
제2차 세계 대전이 끝나고 만들어진 '세계 인권 선언'이라는 인권의 기준이 있어. 인권 활동가로 일하면서 어떻게 하면 인권이 잘 지켜질 수 있을까 고민했는데, 우리는 세계 인권 선언에 나온 내용을 잘 지키도록 노력하면 돼. 3장에서는 그 내용을 알아보자.

인권에도 기준이 필요해

나는 왜 인권 활동가가 되었을까?

초등학교 때부터 고등학교 때까지 같은 학교에 다닌 장애인 친구가 있었어. 소아마비를 앓아서 목발을 짚고 다니는 아이였어. 나랑 같은 반이 된 적은 없었지만 같은 동네에서 같은 학교에 다녔기 때문에 얼굴을 아는 사이였어. 어느 날 학교 계단을 내려오다가 그 아이가 넘어져 있는 걸 봤어. 나는 순간 당황했어. 내가 길에서 넘어지면 그 모습이 우스꽝스러운지 막 웃어 대는 사람들을 많이 봤기 때문에 못 본 척하고 지나가야 그 아이가 덜 창피할 거란 생각이 들었어. 그래서 그냥 지나쳤어. 그런데 시간이 지나고 보니 내가 잘못했다는 생각이 드는 거야. 그 아이는 목발 때문에 혼자 일어서기가 무척 힘들었을 텐데 왜 내가 도와주지 않았지? 그 아이에게 다가가서 "내가 도와줘도 괜찮을까?"라고 물어볼 수도 있었는데, 왜 묻지도 않고 내 맘대로 판단하고 그냥 지나쳤을까? 그 아이는 내가 모르는 척 지나쳐서 혹시 무시당했다고 생각하진 않았을까? 창피한 것보다도 무시받았다고 느끼는 게

국제 사면 위원회(국제 앰네스티)
1961년 영국 변호사 피터 베넨슨이 '잊힌 양심수들'을 기억하자는 뜻에서 시작한 세계 최대 인권 단체야. 양심수란 자신의 사상이나 신념에 따라 행동했다는 이유로 감옥에 갇힌 사람들을 말해. 국제 사면 위원회는 1977년 노벨 평화상, 1978년 유엔 인권상을 받았고 국적, 인종, 종교의 차이를 넘어 활동하고 있어. 국제 사면 위원회의 역사는 한마디로 '평범한 사람들이 함께 행동하고, 이 행동들이 모여 특별한 변화를 만들어 가는 것'이었다고 해.

더 마음 아플 텐데……. 그 일이 있은 후 미안한 마음에 괜히 그 친구를 피해 다녔어.

아마도 내가 인권 활동가가 된 것은 옳은 일을 하고 싶어서인 것 같아. 그 옳은 일이란 어려움을 겪는 친구를 나 몰라라 하지 않고 그 친구의 의견을 물어보고 가까이 다가가서 문제를 같이 해결하는 것, 그리고 억울하게 부당한 대우를 받는 사람 편에 서서 위로해 주는 것이었어. 설령 그런 행동 때문에 나의 인기가 떨어지고 누군가에게 미움을 받는다고 해도 말이야.

인권의 소중함을 지키기 위한 약속들

나에게 세상은 시간이 갈수록 점점 커졌어. 처음에는 교실만 하다가 운동장만 하다가 학교 전체만 해졌다고 할까? 학교 담장을 넘어 만난 세상은 더 커졌고 그곳에서 만나는 사람, 부딪치는 사건도 아주 많아졌어. 그러니까 머리가 너무 복잡해지는 거야. 이럴 땐 어떻게 해야 하지? 모든 일에 정답이 있을 수는 없었어. 왜냐하면 사람은 다 다르고 같은 일에 대해서 느끼고 행동하는 것도 다 제각기니까 말이야. 그렇게 다양한 감정과 행동을 하나로 통일한다는 건 불가능할뿐더러 바람직한 일도 아니야. 일부 사람들만이 옳다고 우기는 것을 다른 사람들에게 강요할 수는 없는 일이니까 말이야.

> **다양한 분야에서 활동하는 인권 단체들**
>
> 국제 사면 위원회 한국 지부 www.amnesty.or.kr
> 인권 연대 www.hrights.or.kr
> 인권 운동 사랑방 www.sarangbang.or.kr
> 인권 교육 센터 '들' www.hrecenter-dl.org
> 다산 인권 센터 www.rights.or.kr
> 인권재단 사람 www.hrfund.or.kr

그렇다면 내가 인권을 아끼고 지켜 나갈 때 본보기로 삼을 기준은 없는 것일까? 길을 걷다 보면 이 길로 가는 사람, 저 길로 가는 사람이 있지만 목적지가 같다면 나아가는 방향은 같지 않을까? 획일적인 방식을 강요하지 않으면서도 나아갈 방향을 가리켜 주는 그런 기준이 있으면 참 좋겠다는 생각이 들었어.

인권 운동을 시작하면서 그런 기준이 있다는 걸 알게 됐어. 인권의 소중함을 지키기 위해서 인류는 기준으로 삼을 약속들을 만들었어. 그 중에서도 제일 먼저 만들어진 기초적인 약속이 바로 '세계 인권 선언'이야. 세계 인권 선언은 말 그대로 온 세계의 인류가 인권을 존중하겠다고 약속한 내용을 담은 선언이야. 세계 인권 선언을 만든 대표자들은 저마다 다른 국적에 다른 언어를 쓰고 다른 피부색과 다른 종교를 가졌어. 그런데 내 나라, 내 언어, 내 피부색, 내 종교만 최고라고 우기지 않고 서로의 말을 들어 가면서 '인권을 존중하기 위해서 우리 모두 이 방향으로 갑시다.'라는 약속을 하게 된 거야.

제2차 세계 대전 이후 탄생한 '세계 인권 선언'

세계 인권 선언이 평화롭게 태어난 것은 아니야. 선언이 만들어진 배경에는 인류 역사에서도 끔찍했던 일로 기록된 사건이 많았어. 가장 직접적인 사건은 제2차 세계 대전이야. 1939년부터 1945년까지 6년 동안 전 세계에서 벌어진 전쟁으로 5천만 명에 이르는 사람이 죽었고, 자연도 황폐해졌어.

혹시 『안네의 일기』를 읽어 봤니? 안네라는 여자아이가 전쟁 중에 쓴 일기야. 안네는 친구들처럼 꿈이 많고 먹고

고통 속에서도 희망을 잃지 않았던 안네 프랑크 (1929~1945)
독일계 유대인으로 태어난 안네 프랑크는 히틀러의 유대인 탄압을 피해 은신처에서 2년 넘게 숨어 지내다 들켜 아우슈비츠 강제 수용소로 끌려갔어. 『안네의 일기』는 은신처에서 2년 동안 생활하면서 쓴 일기야.

싶은 것도 많고 자유롭게 놀고 싶은 아이였어. 그런데 전쟁을 벌인 사람들은 자신들과 다르다는 이유로 안네와 같은 유대인을 모조리 잡아다가 가두고 결국에는 끔찍하게 죽였어. 유대인인 안네의 가족도 몰래 피신했지만, 은신처에서 굶주림에 시달려야 했고 들킬까 봐 화장실 물도 못 내리는 어려운 생활을 했어. 결국 은신처가 발각되어서 안네와 가족은 수용소로 끌려갔고 안네는 그곳에서 병에 걸려 죽었어. 안네가 은신처로 썼던 곳이 지금은 박물관이 되어 있어. 그곳에 가 봤는데 어린 안네가 '이곳에서 얼마나 갑갑하고 무서웠을까.'라는 생각에 정말 슬펐어.

이 땅에서도 인권을 짓밟는 사건들이 있었어. 일제 강점기 때 조선인은 일본인에게 많은 차별을 받았고 전쟁에 끌려 나가 온갖 고생을 해야 했어. 일제 강점기뿐만 아니라 해방된 이후 6·25 전쟁 때도 200만 명이 넘는 사람들이 죽었어. 지금 서울에 사는 사람의 약 5분의 1과 맞먹는 숫자야.

우리나라에도 『안네의 일기』처럼 자신의 일기를 썼던 아이들이 있었을 거야. 전쟁 없는 평화로운 세상, 마음껏 뛰어놀고 공부할 수 있는 세상을 꿈꾸면서 말이야. 세계 인권 선언은 '우리 다시는 끔찍한 전쟁을 하지 말자.'는 다짐에서 시작된 거야. 그리고 수많은 아이들의 못다 이룬 꿈을 위하여 평화로운 세상에서는 서로의 피부색, 인종, 종교, 성별 등의 차이를 따지지 말고 모든 사람을 평등하고 존엄한 존재로 대하자고 약속한 것이 세계 인권 선언이야.

우리 모두의 인권 기준 '세계 인권 선언'

　세계 인권 선언을 만드는 세계 대표단에서 의장을 맡은 사람은 엘리너 루스벨트 여사였어. 선언을 만드는 동안 각 나라의 의견이 서로 달라 충돌할 뻔한 아슬아슬한 순간이 많았어. 선언을 세계 인류의 약속으로 만들려면 유엔 총회의 투표를 거쳐야 했어. 투표가 있기 하루 전, 엘리너 루스벨트 여사는 선언을 지지해 달라고 이렇게 호소했어.

　"오랜 시간 꼼꼼한 연구와 논쟁 끝에 태어난 '세계 인권 선언'은 많은 이들의 생각을 모은 거예요. 우리가 할 수 있는 최대의 지지를 보냅시다. 서로 양보하고 합의하는 데에 많은 어려움이 있었지만, 이렇게 복잡한 인권에 대해 합의를 이루었다는 것이 참 대단하지 않아요? 모든 곳에 사는 모든 사람들의 삶을 행복하게 하고 더 큰 자유를 누리고 싶다는 우리 모두의 열망이 이 선언에 담겨 있어요. 평화를 향한 인류의 열망이 들어 있지요. 우리 모두 부족하고 모자란 점이 있다는 것을 잘 알

인권 문제에 앞장섰던 엘리너 루스벨트(1884~1962)
1948년 12월 10일, 유엔 회원국 48개국의 찬성으로 세계 인권 선언이 채택되었어. 세계 여러 나라 대표들이 세계 인권 선언을 협상하는 데 무려 2년이라는 세월이 걸렸어. 엘리너 루스벨트의 열정이 없었으면 세계 인권 선언은 채택되지 못했을 거라고 해.

기에 이 기준에 따라 살아가겠다는 의지를 담아 함께 노력해요."

드디어 투표일이 됐어. 1948년 12월 10일, 세계 인권 선언은 만장일치로 채택됐어. 이제 인류 역사상 처음으로 '모든 민족과 국가가 공통의 기준'으로 지키자는 '인권에 대한 약속'이 탄생한 거야. 그래서 매년 12월 10일을 '인권의 날'로 기념하고 있어. 달력을 살펴보면 이렇게 써 있을 거야. '세계 인권 선언일' 또는 '세계 인권의 날'이라고 말이야.

세계 인권 기념일

유엔, 유니세프, 유네스코 등 국제기구가 정한 세계 인권 기념일

1월 27일 세계 홀로코스트 희생자 추모의 날
3월 8일 세계 여성의 날
5월 1일 세계 노동자의 날
6월 20일 세계 난민의 날
6월 26일 세계 고문 희생자 지원의 날
8월 9일 세계 원주민의 날
8월 12일 세계 청소년의 날
8월 19일 세계 인도주의의 날
9월 21일 세계 평화의 날
10월 2일 세계 비폭력의 날
10월 17일 세계 빈곤 퇴치의 날
11월 20일 세계 어린이의 날
12월 3일 세계 장애인의 날
12월 10일 세계 인권의 날
12월 18일 세계 이주민의 날

모든 사람은 존엄하다

세계 인권 선언의 주춧돌

자, 이제 세계 인권 선언을 구석구석 살펴볼까? 먼저 선언의 주춧돌부터 시작하는 거야. 주춧돌이란 건물을 지을 때 그 기초를 튼튼히 하기 위해서 기둥 밑에 괴는 돌을 말해.

첫 번째 주춧돌에는 '우리 모든 사람은 존엄하다.'라고 쓰여 있어. '존엄하다'라는 말이 좀 어려운데 다른 말로는 '귀하다' 또는 '보배롭고 소중하다.'라고 표현할 수 있어. 세계 인권 선언이 만들어지기 이전, 인류는 오랫동안 '존엄하다'는 말을 모든 사람에게 쓰지 않았어. 사람의 신분을 나누어 차별했던 거야. 그래서 지위가 아주 높은 사람, 집안이 좋은 사람만 골라서 존엄하다고 했어. 그런 말을 골라서 썼다는 것은 지위가 낮은 사람, 출신이 다른 사람은 귀하게 여기지 않았다는 증거가 돼. 아직도 그런 말이 남아 있는데 '귀한 집 도련님'이라고 말하는 식이야.

사람의 가치를 값으로 따질 순 없다

많은 나라에서 신분 차별을 없애기 위해 싸웠어. 그런데 신분 차별 못지않게 잔인한 게 또 있었어. 앞에서 세계 인권 선언의 탄생 배경이 끔찍한 전쟁이었다고 했잖아. 그 전쟁이 끔찍했던 건 서로 총을 겨누고 싸워서만이 아니었어. 전쟁이 한번 일어나면 군인뿐 아니라 어린이를 비롯한 많은 사람들이 죽게 돼.

독일의 아돌프 히틀러는 자기와 똑같은 '아리아 인종의 독일 민족'만 귀하고 다른 인종과 민족들은 가치가 없다고 생각했어.

다른 민족 중에서도 특히 유대인을 미워했어. 그뿐 아니라 히틀러는 독일 사람이라 하더라도 독일 민족의 가치를 떨어뜨리는 사람들을 없애 버리는 것이 좋다고 생각했어. 예를 들어 장애인, 중병을 앓는 사람, 노약자, 그리고 자신의 생각에 반대하는 사람들을 독일 민족에게 쓸모없는 사람이라고 생각했어. 결국 히틀러와

600만 명을 학살한 아돌프 히틀러(1889~1945) (사진의 가운데)
아돌프 히틀러는 세계를 지배하겠다는 야망으로 제2차 세계 대전을 일으켰어. 유대인 말살 정책으로 수많은 유대인을 학살했지만, 실패로 끝나고 궁지에 몰리자 자살로 생을 마감했어.

학살의 현장, 아우슈비츠 강제 수용소
아우슈비츠 수용소는 히틀러가 유대인을 학살하기 위해 폴란드에 만든 강제 수용소로 나치가 세운 수용소 중에 최대 규모였어. 제2차 세계 대전 동안 유럽 전체 유대인의 80퍼센트인 600만 명이 학살당했고, 아우슈비츠의 가스실에서 100만 명이나 죽었어. 피해자들의 대부분은 노인과 여성, 어린이였어.

그 협조자들은 그런 끔찍한 생각을 행동으로 옮겨서 600만 명이 넘는 사람들을 학살했던 거야. 그런 일을 겪고 난 후 인류는 큰 교훈을 얻었어.

　사람의 가치를 물건의 가격처럼 따지는 것은 돌이킬 수 없는 비극을 일으킬 수 있다는 걸 깨닫게 된 거야. 그래서 앞으로는 절대로 어떤 기준으로도 사람을 차별하지 말고 모든 사람을 귀하게 대하자고 약속하고, 그 약속을 '모든 사람은 존엄하다.'라고 표현한 것이지. 특별한 사람만이 아니라 '모든 사람'이 '존엄하고 귀하다.'라는 원칙이 인권을 세우는 주춧돌이 된 거야.

국경을 넘어 세계적으로 맺은 약속

제2차 세계 대전에서 배운 교훈이 한 가지 더 있어. 히틀러가 큰 잘못을 저지를 것을 예상하면서도 다른 나라 일이라고 무관심했던 것이 결국 온 인류에게 큰 슬픔과 재앙을 불러왔던 거였어. 인권이 무시되면 그게 어느 곳에서 벌어지든지 온 인류의 문제로 생각해야 된다는 걸 배운 거야. 그래서 전쟁이 끝나고 온 인류는 인권을 공통의 목적으로 삼자고 다짐했어. 국경을 넘어 세계적으로 맺은 약속이었기 때문에 이것을 두고 인권이 국제화되었다고 해. 인권이 국제화된 대표적인 사례로 세계 인권 선언 같은 전 세계적인 인권 기준이 만들어진 거야.

모든 사람은 존엄성을 갖고 태어나지만 그 존엄성은 저절로 꽃피는 것이 아니라 화초처럼 물을 잘 주고 관심을 주어서 잘 키워 나가야 하는 거야. 세계 인권 선언에 담긴 권리들은 모든 사람의 존엄성을 잘 가꾸기 위해 꼭 필요한 것들을 모은 거야. 존엄성을 가꾸기 위해 적어도 이것만은 꼭 하자는 최소한의 다짐이라고 할 수 있어.

모든 사람의 존엄성을 지키고 가꾸기 위해 세계 인권 선언이 합의한 대표적 원칙이 있어. '모든 사람은 자유롭다.', '모든 사람은 평등하다.', '모든 사람은 친구다.'라는 세 가지 원칙이야. 그럼 한 가지씩 자세히 알아볼까?

모든 사람은 자유롭다

자유란 내 삶의 주인이 되는 것

『톰 소여의 모험』이란 이야기 알지? 그중 톰의 페인트칠에 관한 이야기를 해 볼까?

톰의 이모는 말썽쟁이 톰이 심한 장난을 칠 때마다 벌을 내렸어. 하루는 색이 바랜 울타리를 말끔하게 페인트칠하라는 벌을 내렸지. 놀러 나가기 좋은 날인데 하루 종일 페인트칠을 해야 하니 톰은 우울했어. 마침 놀러 나가던 친구들이 톰을 발견하고 놀리기 시작하지. 그때 톰은 번뜩이는 꾀를 생각해 냈어.

"천만에, 내가 페인트칠을 얼마나 좋아하는데. 너희가 하는 놀이 따위하고 비교도 안 될 만큼 재미있어."

톰은 보란 듯이 정말 재미있게 정성껏 페인트칠을 했어. 그 모습이 흥미로워 보였던 친구들은 나도 한번 해 보자며 톰에게 부탁했어. 톰은 친구들의 요청을 어쩔 수 없이 들어주는 시늉을 하지. 그러니까 더 많은 아이들이 페인트칠을 하고 싶어 했어. 결국 톰은 하루 종일 친구들이 페인트칠하는 것을 지켜보기만 하면서 울타리를 세 번이나 꼼꼼히 칠할 수 있었지. 이모는 말끔하게 칠해진 울타리를 보고 당연히 톰을 칭찬했어.

똑같은 일이라도 억지로 시켜서 하는 것은 힘든 일이지만, 좋아해서 한다면 놀이이고 즐거움이야. 이걸 자유와 연결시켜 생각해 볼까? 자유란 내가 내 삶의 주인이 되는 걸 말해. 내가 주인이라면 내가 만든 내 삶의 규칙을 스스로 지키는 것이지 누가 시킨다고 억지로 받아들이는 게 아니야. 이모가 만든 규칙에 맞춰 이모가 시킨 일만 하고 톰 스스로 자기 삶을 위해 정한 약속이 없다면 아무리 톰이 이모의 감시를 피해 잘 빠져나가 놀아도 그건 자유가 아닌 거야. 스스로 만든 제 삶의 약속이 없는 것이니까 규칙에서 도망쳤을 뿐 여전히 규칙에 매여

있는 것과 같아. 톰이 놀러 나가지 않아도 즐거웠던 건 페인트칠이 재미있어서가 아니라 강요된 일을 자신의 일로 바꿨기 때문이야. 톰은 자유로워졌기 때문에 즐거움을 느낀 거지. 하지만 자유로워진다는 게 톰의 울타리 칠하기처럼 간단한 것은 아니야.

모든 사람은 태어날 때부터 자유롭다

자, 그럼 이제 모든 사람의 자유에 대해 생각해 볼까? 세계 인권 선언은 '모든 사람은 태어날 때부터 자유롭다.'라고 했어. 어떤 사람도 남에게 예속되어서는 안 된다는 뜻이야. '예속'이란 남의 지배를 받거나 자신의 생각과 행동을 간섭당하는 걸 말해. 드라마나 영화 속에 나오는 노예를 떠올려 봐. 노예는 주인이 시키는 대로 해야만 하잖아. 노예가 주인에게 자기 생각을 주장할 수는 없어.

노예 제도는 과거의 일이고, 요즈음에는 어느 나라나 사람을 노예로 삼는 것은 법으로 금지되어 있어. '모든 사람은 자유롭다.'라는 걸 내세운 인권이 등장하면서 노예 제도는 반드시 없어져야 할 것이 되었거

고대 그리스 로마 시대 노예의 삶은 어땠을까?
고대 그리스 로마 시대에는 전쟁 포로로 노예가 된 사람들이 많았어. 당시 사용하던 그릇을 보면 노예의 모습이 많이 그려져 있어. 이 그림은 주인에게 술을 따르는 여자 노예의 모습이야. 고대 그리스의 지배층은 노예에게 노동을 맡기고 정치, 학문, 체육 등에만 전념했다고 해.

든. 그렇다고 해서 노예가 진짜로 모두 사라졌다고 말할 수는 없어.

법적으로는 노예가 아니지만 사실은 노예와 다를 바 없는 상태에 있는 사람들이 여전히 많기 때문이야.

아이의 말이라면 무조건 무시하고 들으려 하지 않는 사회라면, 아이는 자기 생각을 펴지 못하고 시키는 대로만 해야 되는 사람이니까 자유롭지 못한 거야. 또는 자기 뜻대로 하고 싶어도 조건이 안 되어서 할 수 없는 상황도 자유롭지 못한 것은 마찬가지야. 학교에 가서 공부를 하고 싶은데 집안 형편이 안 좋아서 그럴 수 없는 친구도 자유롭지 못한 거야. 자유란 외부의 간섭과 강요가 없는 상태를 말하기도 하지만, 내 삶을 위해 적극적으로 뭔가 할 수 있는 상태를 말하기도 해. 조용히 하라는 강요도 자유를 해치는 것이지만, 공부하고 싶은데 기회가 없는 것도 자유를 해치는 것이지.

따라서 자유를 보장하기 위해서는 남에게 부당한 간섭과 강요를 하지 않는 것은 물론이고, 모든 사람들이 적극적으로 자신이 원하는 삶을 추구할 수 있도록 서로 돕는 노력이 필요해.

차별에 맞선 마틴 루서 킹 주니어와 로자 파크스

그럼 노예 제도는 어떻게 세상에서 사라진 걸까? 노예를 데리고 있던 사람이 자비를 베풀거나 노예 금지법이 하루아침에 생겨나서 노예 제도가 없어진 것이 아니야. 수많은 노예들이 '사람이 사람을 노예로 삼을 수는 없다. 우리도 똑같은 인간이다.'라며 복종하길 거부하고, 자유를 달라고 싸웠기 때문이야.

세계적으로 유명한 인권 운동가 중에 마틴 루서 킹 목사가 있어. 백인이 흑인을 차별하는 법에 맞서 싸웠지. 킹 목사가 펼친 운동 중에 대표적인 것이 '버스 안 타기 운동'이야.

킹 목사가 살던 미국 남부에서 흑인은 아주 가난한 삶을 살았어. 노예의 신분은 벗어났지만 흑인은 교육도 받지 못하고 땅도 없어 백인에게 여전히 머리를 조아리며 살아야 했어. 가난한 흑인이 주로 이용했던 버스의 회사 사장은 죄다 백인이었고 버스에 백인 칸과 흑인 칸을 나누어서 흑인을 차별했어. 흑인은 백인 칸에 빈자리가 아무리 많아도 앉을 수 없었지만 백인은 언제든지 흑인 자리에 앉을 수가 있었어. 버스에서 차별당하는 흑인들은 하루 종일 기분이 좋을 리가 없었어. 사람대접을 받지 못하니까 말이야. 흑인들이 부글부글 속을 끓이고 화가 나 있을 때 로자 파크스라는 여성이 용기를 냈어.

평화를 꿈꾼 인권 운동가 마틴 루서 킹 주니어(1929~1968)
폭력보다 더 강한 것이 비폭력이라고 믿었고, 한평생 그 믿음을 바탕으로 비폭력 불복종 운동을 이끈 평화 운동가야. 흑인과 백인이 함께 사는 사회를 만들기 위해 노력했고 '나에게는 꿈이 있습니다.'라는 연설로 많은 사람들을 감동시켰어.

우리는 더 이상 노예가 아니다

 일을 마치고 피곤한 로자 파크스는 버스를 타고 집으로 가는 길이었어. 그런데 버스에 자리가 모자라자 백인이 로자 파크스에게 자리를 내놓으라고 한 거야. 당시에는 흑인이 백인의 말을 거부하면 경찰이 잡아가는 법이 있었어. 그걸 알면서도 로자 파크스는 끝까지 자리를 내놓지 않았고, 결국 경찰에 잡혀갔어. 그 소식을 들은 흑인들은 '우린 더 이상 노예가 아니다. 부당한 일을 더는 참고 살지 않겠다.'고 결심하게 됐어. 흑인들은 자신을 동등한 인간으로 대접해 주고 버스에서 인종 차별이 없어질 때까지 버스를 타지 않겠다는 운동을 했어. 그 운동의 지도자가

미국을 바꾼 흑인 여성 로자 파크스(1913~2005)
1955년, 로자 파크스는 버스에서 백인에게 자리를 양보하지 않았다는 이유로 체포되었어. 이 사건이 발단이 되어 미국에서 흑인 시민권 운동이 시작되었어. 마틴 루서 킹 목사를 중심으로 381일 동안 흑인들이 버스 안 타기 운동을 했고, 비폭력으로 저항 운동을 이어 나갔어. 결국 로자 파크스의 작은 행동은 많은 흑인에게 힘을 주었고 인종 분리법 폐지라는 결과를 가져왔어.

바로 킹 목사였어. 흑인들은 1년이 넘도록 버스 타기를 거부했어. 그럼 어떻게 학교에 가고 직장에 갔을까? 새벽에 일어나 함께 걸어가거나 이웃들이 가진 차를 모두 동원해서 방향이 같은 사람끼리 같이 타고 다녔어. 그런 협력으로 버틴 덕분에 드디어 버스에서의 인종 차별이 없어지게 됐어. 킹 목사는 버스 안 타기 운동의 업적을 인정받아 노벨 평화상까지 받게 됐어.

인종 차별 정책에 저항한 인권 대통령
넬슨 만델라

남아프리카 공화국의 인종 차별 정책 '아파르트헤이트'는 아프리카 말로 '분리'라는 뜻으로, 1948년 정부 정책으로 시행되었어. 그 내용을 보면 백인은 투표권이 있지만 흑인은 투표권이 없었고, 인종별로 타야 할 버스와 기차가 구분되어 있었으며, 각자 앉을 수 있는 벤치까지도 구분되어 있었어. 이에 저항한 넬슨 만델라는 27년 동안 감옥에 있다가 1990년 2월 석방되어, 마침내 남아프리카 공화국의 대통령이 되었어.

인종차별에 맞선 로자 파크스

1. 로자 파크스는 '왜 똑같이 요금을 냈는데 흑인은 백인에게 자리를 양보해야 하는 거지?' 하는 의문을 가졌어.

2. 로자 파크스는 자신을 잡아가려는 경찰에 맞서 "흑인을 차별하는 법이 잘못된 거요. 나를 잡아간다고 해도 나는 움직이지 않겠소."라고 이야기했어.

3. 로자 파크스와 뜻을 같이한 흑인들은 비가 오나 눈이 오나 버스를 타지 않고 걸어서 출근했어.

4. 마침내 차별받던 흑인들은 인종 분리법 폐지라는 결과를 얻어 냈어.

모든 사람은 **평등**하다

왜 나를 나라고 말할 수 있을까?

'모든 사람은 평등하다.'라는 말을 들어 봤을 거야. 그런데 왜 그럴까? 사람은 다 다른데 뭐가 평등하다는 걸까? 생긴 게 평등하고 키가 평등하고 시험 성적이 평등하다라고 말할 수는 없잖아. 그런 식으로 말하면 다들 웃을 거야. 그러니까 평등하다라고 말하는 것은 눈에 당장 보이는 사람의 특성에 따라 판단하는 것이 아닌 더 깊은 생각이 필요해.

이렇게 생각해 볼까? 왜 나를 나라고 말할 수 있을까? 내가 나라고 말할 수 있는 건 다른 어떤 사람하고 구분되는 나만의 특질이 있기 때문이야. 나만 그런 것이 아니라 이 세상의 모든 사람은 그렇게 자기만의 특질을 가진 존재야. 또 나란 사람이 존재할 수 있는 것은 나와 구분되는 다른 사람, 즉 타인이 있기 때문이야. 거울에 내 모습을 비춰 봐서 내 모양새를 아는 것처럼 나와 다른 타인이 있기 때문에 나란 사람이 어떤 사람인지 알 수 있는 거야. 다른 사람하고 똑같은 '나'가 있

다면, 그건 나라고 말할 수 없을 거야. 모든 사람은 다 저마다의 고유한 특질을 가졌고, 그 특질의 차이 때문에 저마다 고유한 나로 살아가는 거야. 그래서 우리는 사람 간의 차이를 대할 때 다르다고 생각해야 해. 차이가 있다고 해서 평등하지 않다고 판단하면 안 돼.

고쳐야 할 것은 '차이'가 아니라 '불평등'

상호 존중이라는 울타리가 무너진 사회에서 나타나는 일에는 이런 것이 있어. 부자인 사람은 법을 어겨도 처벌을 잘 받지 않는데, 가난한 사람은 법을 어기지 않아도 괜히 범죄자인 것처럼 의심을 받는 일이 있어. 잘생긴 사람에게는 고운 말을 쓰고 생김새에 호감이 안 가는 사람은 무시하고 놀리기도 하고. 또 어른의 말에는 귀 기울이면서 아이의 말은 듣지 않고 조용히 하라고 윽박지를 때가 많아. 이런 일들을 뭐라고 불러야 하지?

이런 건 '차이'가 아니라 '불평등'이라고 말해. 차이는 사람들이 저마다 가진 특질이고 불평등은 사람들이 어느 한쪽으로 치우쳐서 고르지 못하게 사람을 대우하는 걸 말해.

그럼 우리가 고쳐야 할 건 무엇일까? 사람들이 가진 특질, 즉 차이를 고쳐야 할까? 아니야. 차이는 오히려 북돋아 줘야 하는 거야. 이 세상에 똑같은 사람들만 있다면 정말 재미없는 세상일 거야. 차이가 다양할수록 이 세상은 더 알록달록 색다르고 신나는 곳이 되는 거야. 우리

장애인도 이동할 권리가 있다
전동차를 탄 장애인이 저상 버스에서 내리고 있어. 비장애인이 무심코 오르내리는 계단이 장애인에게는 세상에서 소외되게 하는 장애물이야. 장애인의 80퍼센트는 사고 같은 후천적인 일로 장애인이 된다고 해. 장애인이 자유롭게 이동할 수 있는 교통 편의 시설이나 사회 복지 제도가 더 많이 마련되어야 해.

가 고쳐야 할 것은 불평등이야. 불평등이 많을수록 이 세상은 살기 힘들고 억울한 곳이 되기 때문이야. 그러니까 차이는 존중하고 북돋아 줘야 하는 것이고 불평등은 누르고 없애 버려야 하는 것이야.

예를 들어 태어날 때부터 걷지 못하는 장애가 있는 친구가 있다고 생각해 봐. 걷지 못하는 차이는 없앨 수 없는 것이고, 그 친구를 못살게 굴 수 있는 이유가 되지 못해. 반면에 걷지 못한다는 이유로 그 친구가 자유롭게 돌아다닐 수 없거나 학교에서 공부할 수 없는 것은 불평등이야. 우리가 할 수 있는 일은 그 친구의 차이를 무시하는 일이 아니라 그 친구가 자유롭게 돌아다니고 학교에 다닐 수 있도록 불평등을 뜯어고치는 일이야. 친구를 위해 교통 편의 시설을 만들어 달라고 구청에 건의할 수 있고 친구의 학습을 돕기 위한 노력을 할 수 있어.

불평등을 고치기 위한 권리들

세계 인권 선언에는 불평등을 고치기 위한 권리가 담겨 있어. 가장 대표적인 것이 사회 보장을 누릴 권리, 일할 권리, 휴식과 여가의 권리, 적절한 생활 수준을 누릴 권리, 교육을 받을 권리, 문화생활에 참여할 권리야. 이런 권리들을 선언에 담은 이유는 모든 사람이 당당하게 사회생활에 참여할 수 있도록 하기 위해서야.

친구들도 신데렐라 이야기를 잘 알고 있을 거야. 신데렐라 이야기를 한번 다른 식으로 생각해 볼까? 신데렐라는 온종일 일만 하는데 다른 가족들은 무도회에 가 버렸지. 그때 요정이 나타나서 신데렐라에게 무도회에 갈 수 있는 드레스와 유리 구두를 주고 마차를 만들어 줬어. 덕분에 신데렐라는 무도회에 가서 즐겁게 춤을 추었어.

무도회를 우리가 살아가는 사회라고 생각해 볼까? 재투성이 누더기 차림으로는 무도회에 입장이 안 됐을 거야. 부끄럼 없이 무도회에 입장하기 위해서는 깨끗한 드레스와 구두와 마차가 필요했지. 마찬가지로 사람들이 살아가는 사회에 입장하려면 모든 사람에게 부끄럼 없

이 등장할 수 있는 '그 무엇'이 필요해. 그 무엇에 해당하는 것을 세계 인권 선언에서는 '기본적인 먹고 마실 것, 입을 것, 쉴 곳'이라고 했어. 무도회에서는 가만있는 것이 아니라, 춤을 춰야 즐겁다고 할 수 있겠지? 멍하니 남들이 추는 춤만 구경하는 것은 즐겁지 않을 거야. 그런 춤에 해당하는 것이 교육과 문화라고 할 수 있어. 우리가 사회 속에서 살아가는 것은 각자가 가진 가능성을 충분히 발휘하여 스스로 행복하고 전체 사회에 기여할 때 의미가 있는 거야. 사람들이 멋들어지게 추는 춤으로 전체 무도회를 즐겁게 만드는 것과 마찬가지야. 교육과 문화는 사람들이 그런 춤을 출 수 있게 만들어 주는 것이야. 그래서 세계 인권 선언에서는 교육과 문화에 대한 권리를 강조하고 있어.

사회 보장을 누릴 권리와 적절한 생활 수준을 누릴 권리

선언에 담긴 권리들을 더 자세히 살펴볼까? 먼저 '사회 보장을 누릴 권리'와 '적절한 생활 수준을 누릴 권리'야.

친구들도 배고프면 짜증이 나고 공부와 놀이에 집중할 수 없는 경험을 해 봤을 거야. 배고픔에 지쳐 누워 있는 아이의 사진을 본 적 있지? 누워 있는 아이는 쉬고 있는 것이 아니라 배고픔에 고통스러워하고 있어.

어떤 사회에서는 모든 사람의 먹고 입고 쉴 권리를 인권으로 생각하고 모두의 노력으로 함께 보살피는 반면, 어떤 사회에서는 혼자 알아서 하라고 내버려 두기도 해. 사회에서 모든 구성원의 생존을 보살피

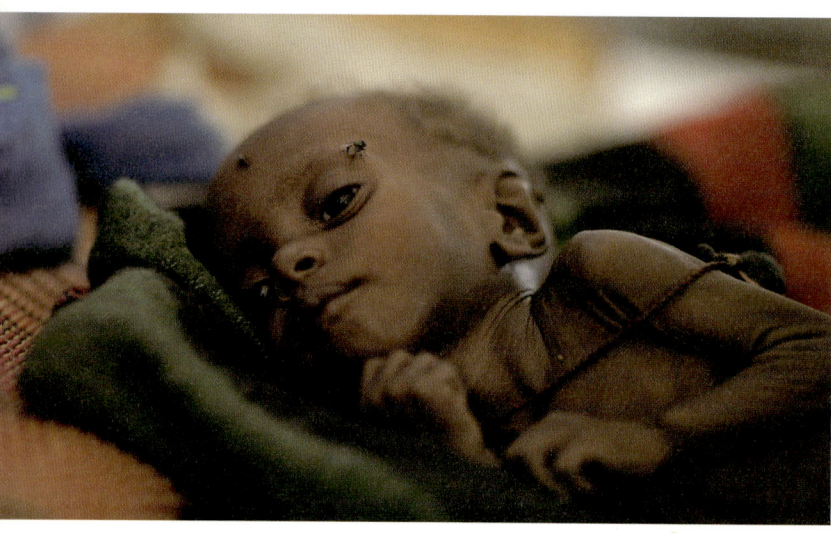

모든 사람이 인간다운 삶을 누릴 그날은 언제 올까?
우리가 살고 있는 이 시대는 비만으로 살을 빼기 위해 굶는 어린이와 전쟁, 자연 재해, 가난으로 굶어 죽는 어린이가 공존하는 시대야. 6초마다 한 명의 어린이가 굶어 죽고 있다고 해.

는 것을 당연하게 여기는 사회는 '사회 보장'이 잘됐다고 하고, 그렇지 않은 사회는 '정글'과 같다고 말해. 정글에서는 동물들이 자기가 알아서 사냥을 해야 하잖아. 그런 것처럼 주변에서 아무런 도움도 받을 수 없는 사회를 정글과 같다고 말하는 거야.

개개인이 알아서 모든 문제를 해결하기에는 힘든 상황인 경우가 많아. 가령 갑자기 직장을 잃고 구할 수 없는 경우가 있어. 또는 아프거나 갑작스러운 사고를 당할 수도 있어. 너무 어리거나 너무 나이가 많은 경우도 있고. 그런 상황에서 혼자 알아서 하라고 내버려 두는 사회는 사람을 존중하지 않는 사회야. 우리에게는 어떤 상황에서도 모든 사람을 사람답게 돌보는 사회가 필요해. 사람을 존중하는 사회에서는 모든 사람이 어떤 상황에 처하든 제대로 먹고 입고 쉴 수 있도록 돌보아야 해.

사회가 모든 사람의 생활을 돌보아야 한다는 것을 세계 인권 선언에서는 '사회 보장을 누릴 권리'라고 했어. 사회가 모든 사람의 기본적인 삶을 돌보아야 한다는 의미야. 그리고 모든 사람에게는 사회를 향해 사회 보장을 요구할 권리가 있다고 했어. 왜냐하면 누구나 사회의 구성원이기 때문이야.

기본적인 삶에는 어느 정도의 수준이 요구돼. 형편없는 음식을 던지듯 주면서 할 일을 다했다는 사회도 사람을 존중하지 않는 건 마찬가지야. 사람은 배고픔만 해결하면 되는 존재가 아니라 존중받고 있다고 느껴야 행복한 존재이거든. 아무리 배가 고파도 모욕을 받는 것 같으면 음식을 먹어도 행복하지 않을 거야. 그러니까 먹고 입고 쉴 수 있도록 돌보는 데에는 모욕이 아니라 존중받는다고 느낄 만한 수준이 필요해. 그것을 세계 인권 선언에서는 '적절한 생활 수준을 누릴 권리'라고 표현한 거야.

일할 권리와 휴식과 여가를 즐길 권리

다음으로 '일할 권리'와 '휴식과 여가를 즐길 권리'를 생각해 볼까? 우리가 살아갈 수 있는 것은 사회 속의 사람들이 일하기 때문이야. 우리가 오늘 먹은 밥은 농부가 열심히 농사지은 것이고, 그 쌀을 우리 동네까지 싣고 온 사람, 밥을 지은 사람, 솥과 수저 등을 만든 사람 등 헤아릴 수 없이 많은 사람들이 일을 해서 우리가 밥을 먹을 수 있었던 거야. 그러니까 일이란 그냥 돈을 벌기 위해서가 아니라, 사회 속에서

존엄성에 걸맞는 일할 권리
같은 일을 했는데도 남자에게 더 많은 임금을 주는 것은 차별이야. 많은 직장 여성이 임금뿐 아니라 승진에서도 성차별을 경험하고 있어.

살아가는 모든 사람을 위한 노력이고 참여라고 말할 수 있어. 그런데 돈을 받고 하는 일만 일로 생각하는 건 좀 문제가 있어. 돈이 되지 않아도 주변 사람을 위해 일을 하는 사람들이 참 많거든.

 대부분의 사람은 생계를 유지하기 위해 돈을 받으면서 일해. 그런데 그런 일을 하다 보면 문제가 생기기도 해. 일자리가 없어서 일을 할 수 없는 경우도 있고, 고용주가 차별한다거나 함부로 해고하고 모욕을 주며 힘들게 일을 시키는 경우가 있어.

 그래서 세계 인권 선언에서는 '모든 사람의 존엄성'에 걸맞는 '일할 권리'를 말하고 있어. 존엄성에 걸맞는 일할 권리란 자유롭게 직업을 선택하는 것, 공정하고 유리한 조건으로 일하는 것, 실업 상태에 놓였을 때 보호받을 것을 말해. 또 같은 일을 했으면 같은 보수를 받을 권리가 있어.

같은 일을 했는데도 남자보다 여자에게, 한국인보다 외국인에게 더 낮은 임금을 주는 것은 차별이야. 임금을 받고 일하는 사람을 노동자라고 하는데, 노동자는 노동조합을 만들고 활동할 권리가 있어. 노동조합이 왜 필요하냐면 노동자가 고용주에게 당당하게 생각을 말하고 사람의 존엄성에 걸맞는 일할 조건을 요구할 수 있도록 하기 위해서야. 모든 사람에게 존엄하게 일할 권리가 있다면, 사회와 국가는 그 권리를 존중하기 위해 노력할 의무가 있어.

'일할 권리'와 짝을 이루는 것이 '휴식과 여가의 권리'야. 긴 시간 일하고 쉬지 못하면 노동자의 몸과 마음이 건강하기가 힘들어. 아주 옛날에는 하루에 18시간씩 노동을 시키는 경우도 있었대. 노동자들은 노동조합을 만들어서 노동 시간을 하루 10시간으로, 그다음엔 하루 8시간으로 줄이려는 노력을 해 왔어. 그래서 대부분의 나라에서는 하루 8시간 노동을 법으로 정하고, 정기적으로 휴가를 가질 수 있도록 했어. 하지만 현실에서는 그런 법이 잘 지켜지지 않는 경우가 많아. 쉬는 것을 중요시하지 않고 일만 하라고 하는 건 사람을 귀하게 여기지 않는 것이야. 세계 인권 선언에서 왜 일할 권리와 쉴 권리를 나란히 두었는지를 잘 생각해 봤으면 좋겠어.

교육받을 권리

자, 이번에는 신데렐라 이야기에서 '춤출 권리'를 생각해 볼까? 세계 인권 선언에는 교육과 문화생활에 대한 권리가 있어. 우리가 사회 속에서 한 명의 구성원으로 살아가려면 기본적인 기술과 지식을 배워야만 돼. 글과 말도 배워야지, 셈하는 법과 일하는 법도 배워야 돼. 또 다른 사람들을 어떻게 대해야 하는지에 대해서도 배워야 하고 우리 사회의 역사와 문화도 배워야 돼. 이런 것들을 잘 배워야 사회의 구성원으로 살아갈 수 있을 뿐 아니라, 잘 배운 구성원들이 있어야 사회도 잘 유지되고 발전될 수 있어. '교육받을 권리'는 사회의 구성원으로서 누

모든 사람은 교육받을 권리가 있다
'세계 인권 선언'에는 '교육받을 권리'를 명시하고 있지만, 우리가 살고 있는 세상은 제대로 교육받지 못해 불행한 삶을 이어 가고 있는 아이들과 학업 스트레스에 시달려서 스스로 목숨을 끊는 불행한 아이들이 함께 살아가고 있어.

려야 할 권리이자 구성원 역할을 잘하기 위한 의무라고도 할 수 있지.

그래서 교육은 내 돈을 내고 사는 물건하고는 다른 거야. 내 부모님 또는 가족의 돈만으로 하는 것이 아니라 사회의 공동 금고에 있는 돈으로 해야 되는 거야. 모든 사람의 기본적인 삶을 보장해야 하는 '사회 보장을 누릴 권리'와 마찬가지로 사회는 모든 사람의 기본적인 교육을 책임져야 한다는 뜻이야.

세계 인권 선언에서는 적어도 초등 교육과 기본 교육 단계는 무상 교육을 해야 한다고 했어. 무상 교육이란 학비만이 아니라 학용품, 급식, 교복 등 교육에 들어가는 돈을 개인이 부담하지 않고 사회가 공동으로 책임지는 것을 말해. 세계 인권 선언에서는 또 기본 교육 단계보다 더 많은 교육을 받고 싶은 사람이 있다면 얼마든지 받을 수 있어야 한다고 했어. 가능하다면 대학 교육도 무상으로 하면 좋다는 뜻이야. 이미 대학 교육을 무상으로 하는 나라들이 있어. 우리나라에서도 그런 날이 빨리 왔으면 좋겠어.

문화생활에 참여할 권리

마지막으로 '문화생활에 참여할 권리'를 살펴볼까? 문화란 우리 삶과 관계된 모든 것을 담고 있는 말이야. 우리가 주로 먹는 밥과 김치, 집의 형태, 말하고 인사하는 방식, 좋아하는 노래와 춤, 글 등이 모두 문화라고 할 수 있어. 문화는 혼자가 아니라 공동체 구성원이 함께 누

이슬람 최대의 축제 라마단이 끝난 후 함께 음식을 나눠 먹는 사람들
라마단은 이슬람교의 창시자 무함마드가 신의 계시를 받은 것을 기념하는 축제야. 라마단 기간에는 해가 떠 있는 동안 물이나 음식을 먹지 않고 해가 진 후 먹어야 해. 라마단이 끝난 후 3일 동안은 서로 모여 앉아 음식을 나누어 먹고 선물을 주고받으며 라마단이 끝난 것을 축하해.

리는 것이야. 그래서 문화를 존중하지 않는 것은 개인뿐 아니라 공동체 구성원 전부의 존엄성을 무시하는 것이라 할 수 있어. 일제 강점기 때 일본이 조선인에게 우리말과 글을 쓰지 못하도록 한 것을 떠올려 봐. 그리고 조선인에게 마늘과 김치 냄새가 난다고 모욕을 주곤 했대.

 지금 우리 모습은 어떨까? 요즘은 다양한 국적의 사람들이 우리나라에서 생활하고 있어. 서로의 다양성을 존중하며 좋은 친구 또는 가족이 되어 살아가고 있지만 가끔은 안 좋은 일이 벌어지기도 해. 우리나라에 정착한 외국인에게 '너희 고유의 말과 글을 쓰지 마.'라고 한다거나 '냄새나니까 너희네 음식을 요리하지 마.'라고 하는 일이 있다고 해. 그런 모습은 문화 속에 담긴 타인의 존엄성을 무시하는 것이라 할 수 있어. 국제 인권 기준을 따르면 학교에서는 한국어 교육뿐만이 아니라 또 다른 모국어를 가진 친구들이 모국어 교육을 받을 수 있는 교과목을 마련해야 해.

또 '먹을 것에 대한 권리'를 말할 때 국제 인권 기준은 단순히 칼로리와 영양소만을 따지지 않아. 음식은 먹는 사람의 문화를 고려해서 제공되어야 '먹을 것에 대한 권리'가 충족되었다고 말해. 그러니까 돼지고기나 쇠고기를 먹지 않는 문화를 가진 사람들에게 그런 음식을 내놓는 것은 무례함을 넘어서 인권 침해라고 할 수 있어.

문화는 공동체 속에서 누리는 것이긴 하지만 개개인이 자신의 개성을 발휘할 수 있는 것이기도 해. 흔히 문화생활을 누린다고 하면 극장에 가서 영화나 공연을 보는 것을 떠올리지? 그런데 세계 인권 선언에서 말하는 문화에 대한 권리는 더 적극적으로 문화생활에 참여할 권리를 말해. 다른 사람이 만든 것을 보고 즐기는 것만이 아니라 내가 직접 만들 수 있는 것도 문화생활에 대한 권리인 거야. 우리들이 직접 만들고, 또 서로 만든 작품을 보고 느끼고, 서로 다른 문화를 존중하면서 서로의 문화를 배운다면 문

할랄

이슬람교는 모슬렘이 먹을 수 있는 음식과 먹을 수 없는 음식을 구분하고 있어. '할랄'은 아랍어로 '허용된'이라는 뜻으로, 이 표시가 붙어 있는 식당은 모슬렘이 안심하고 먹을 수 있는 식당이야. 반대로 먹을 수 없는 '금지된' 것은 '하람'이라고 해.

화생활이 풍부해지겠지? 반면에 비싼 돈을 주고 사서 즐기는 것만을 문화생활로 여긴다거나 다른 문화를 무시하고 내 것만이 최고라고 고집하는 문화생활은 빈약하고 초라한 거야.

그럼 맨 처음에 던졌던 질문을 다시 떠올려 볼까? 모든 사람은 평등하다고 했어. 왜 그럴까? 자, 이제 이 물음에 대해 지금까지 얘기한 것을 바탕으로 친구들 스스로 답을 해 볼 수 있을 거야. 사람이 평등하다는 것은 사람이 가진 특질과 상관없이 누구나 귀하고 소중하다는 말이야. 그리고 사람이라면 누구나 자유로운 존재로 태어났고 자유롭게 살아야 한다는 뜻이야. '존엄성'과 '자유'에 대해서 앞에서 얘기했던 것이 떠오르지?

이제 우리가 할 일은 눈앞에 보이는 차이 때문에 사람이 평등하지 않다고 여기는 것이 아니라, 차이는 차이대로 존중하면서 차이 때문에 곤란을 겪게 만드는 불평등을 뜯어고치는 것이야. 그런데 불평등을 뜯어고치는 일은 그리 쉽지 않아. 세계 인권 선언에서는 이 일을 함께 할 수 있는 사람은 인권을 가진 모든 사람이라고 했어. 모든 사람들은 서로 '친구'이기 때문이지. 왜 그런지 다음 이야기에서 알아볼게.

후루룩 짭짭 맛 좋은 세계의 면 요리

아래의 사진은 베트남, 캄보디아, 말레이시아, 태국 같은 동남아시아에서 먹을 수 있는 면 요리야. 비슷비슷하게 생겼지만 지역, 재료, 만드는 방식에 따라 맛이 다 달라. 사람도 마찬가지가 아닐까. 비슷비슷하게 생겼지만 자세히 들여다보면 저마다 개성이 다 다르잖아. 저마다 다른 사람들의 개성도 존중해야겠지?

베트남 후에 쌀국수

베트남 호찌민 쌀국수

캄보디아 프놈펜 쌀국수

말레이시아 쿠알라룸푸르 똠양미훈

말레이시아 사박버남 쌀국수

말레이시아 쿠알라룸푸르 미훈고렝

말레이시아 쿠알라룸푸르 푸젠면

태국 매홍손 두부 국수

태국 매홍손 카우소이

모든 사람은 친구다

'연대'의 첫걸음은 서로를 친구로 대하는 것

 세계 인권 선언이 합의한 대표적 원칙 중에 세 번째는 '모든 사람은 친구다.'야. 그 원칙에는 함께하는 법을 알고 실천해야 우리의 인권을 지킬 수 있다는 뜻이 담겨 있어. 함께하는 것을 다른 말로는 '연대'라고 표현해. 그래서 인권의 삼 원칙이라고 하면 '자유, 평등, 연대'가 되는 거야.
 연대라는 말이 좀 어렵지? 연대의 한자어 풀이는 '이어진 끈 또는 꿰어진 끈'이란 뜻이야. 사람들 사이의 관계가 끈으로 묶은 것처럼 서로 연결되어 있다고 생각해 봐. 너무 세게 잡아당기면 불편하고, 너무 헐거우면 끈이 풀어질 수도 있어. 사람의 개성을 무시하고 단결만을 외치는 것은 연대가 아니고, 서로에게 너무 무관심한 것도 연대가 아니라는 뜻이야. 연대는 '서로를 친구로 대하는 것'이야. 좋은 친구란 어떤 친구지? 친구의 개성을 존중하면서도 친구에게 깊은 관심을 보이는 사람, 친구에게 어려운 일이 있으면 같이 아파하고 서로 돕는 사람

서로 친구가 되어 함께 힘 모으기

국제 사면 위원회 회원들이 인권의 중요성을 알리기 위해 거리 행진을 하고 있어. 사람은 모두 존엄하게 태어났지만 이 세상은 차별과 불평등이 넘쳐 나고 있어. 세상의 불평등한 차별을 없애기 위해서는 존엄하게 태어난 한 사람 한 사람이 힘을 모아야 해.

이 좋은 친구겠지?

　세계 인권 선언에서 모든 사람은 인권이 존중되는 사회 속에서 살아갈 자격이 있다고 했어. 결국 인권이 존중되는 사회를 만들 의무도 모든 사람에게 있는 거야. 그래서 모든 사람은 서로를 좋은 친구로 대하며 곤란한 일을 해결하기 위해서 함께 노력해야 돼. 그렇다면 친구로서 연대하기 위해 함께해야 할 일은 어떤 것이 있을까?

평화를 위한 연대

먼저 '평화를 위한 연대'가 있어. 세계 인권 선언은 전쟁에 대한 반성 속에서 태어났다고 했잖아. 그런데도 인류는 여전히 지구 곳곳에서 전쟁을 벌이고 있고, 많은 어린이들이 희생되고 있어. 미국이 이라크에 쳐들어가 전쟁이 났을 때 샬롯이라는 한 미국 소녀가 전쟁을 그만두라고 호소하는 편지를 썼어.

평화의 상징(피스 마크)
처음에는 영국에서 핵무기 반대 운동에 쓰이다가 지금은 평화의 상징으로 널리 쓰이고 있어.

"이걸 아세요? 이라크에 살고 있는 2400만 명 중에서 절반 이상이 15세 미만의 어린이들이라는걸. (……) 저를 한번 보세요. 찬찬히 오랫동안. 여러분이 이라크에 폭탄을 떨어뜨리는 걸 생각했을 때, 여러분 머릿속에는 바로 제 모습이 떠올라야 합니다. 저는 여러분이 죽이려는 바로 그 아이입니다. (……) 저는 초등학교에 다닐 때 다른 아이들과 문제가 생기면 때리거나 욕을 하

수많은 사람을 죽음으로 몰고 간 이라크 전쟁
이 여자아이는 이라크 전쟁에서 폭탄 사고로 아버지를 잃었어. 미국은 2001년 9월 11일 테러 사건의 주범을 이라크라고 규정하고 2003년 3월 이라크를 침공했어. 이라크가 대량 살상 무기를 가지고 있다는 게 미국의 침공 이유였지만, 석유 자원을 확보하기 위해서였다고 주장하는 이들도 있어.

전쟁 반대
한 여성이 이라크 전쟁 반대 시위를 하고 있어. 대다수의 사람은 전쟁을 원하지 않는데 왜 전쟁은 끊임없이 일어나는 걸까?

지 말고, 대신에 '나'라는 단어를 사용해서 나의 기분을 표현하라고 배웠습니다. 그러면 상대방이 제 기분을 이해하게 되면서 하던 행동을 멈출 수 있다고 했습니다. 저는 지금 여러분에게 이라크의 어린이들이 나라고 생각해 보라고 말하고 싶습니다. 그러면 나는 우리가 될 수 있습니다."

샬롯이 이라크에서 죽어 갈 어린이들을 나이자 우리라고 여기고 있다는 걸 이 편지에서 느낄 수 있어. 평화를 위해 함께 노력하자는 샬롯의 편지는 전 세계로 퍼져 나갔어. 샬롯의 편지를 읽은 세계 곳곳의 아이들은 정치인들에게 전쟁 중단을 호소하는 편지를 썼어. 아이들의 편지에 감동한 많은 사람들은 전쟁 중단을 촉구하는 운동에 적극적으로 참여하게 됐어.

인권을 위한 제1의 필수 조건은 전쟁을 없애는 것

유엔은 세계 인권 선언에서뿐만 아니라 인류의 삶에서 전쟁을 없애는 것이야말로 인권을 위한 제1의 필수 조건이라고 거듭 확인했어. 또한 우리 인류에게는 평화에 대한 신성한 권리가 있다며 인류의 평화로운 삶을 유지하는 것이 각 나라의 기본적이고 신성한 의무라고 선언했어. 그 선언의 이름은 '인류의 평화에 대한 권리 선언'이야. 여기서 말하는 의무에는 어떤 것이 있느냐 하면 '전쟁 위협의 종식', '국제 관계에서 무력 사용의 포기', '평화적 수단에 의한 국제 분쟁의 해결'이야.

친구들 사이에서 "너 가만 안 둬, 내가 혼내 줄 거야."라고 겁주는 걸 위협한다고 하잖아. '전쟁 위협'은 마찬가지로 나라들 사이에서 전쟁을 일으키겠다고 위협하는 것을 말해. 친구 관계에서도 늘 좋은 일만 있는 게 아니라 가끔 다툼이 벌어지기도 하잖아. 다툼이 있는 것은 이상한 일이 아니야. 의견이 다를 수도 있고 뭔가 기분 나쁜 일이 벌어

시리아 난민 가족
2011년 1월 26일부터 시작된 시리아의 반정부 시위가 정부와 시민 간의 유혈 충돌로 이어지면서 터키, 요르단, 레바논 등 이웃 나라로 탈출한 난민이 1천 2백만 명을 넘어섰다고 해. 집을 떠나온 이 난민 가족은 거리에서 살아가고 있어.

질 수도 있으니까 말이야. 하지만 중요한 것은 어떻게 다투느냐지. 대화를 하고 상대방을 이해하려고 노력하는 다툼이 있고, 주먹질하고 욕부터 하는 다툼이 있어. 첫 번째 방법으로 다투면 후에 더 좋은 관계가 될 수 있는 반면에, 두 번째 방법으로 다투면 다시는 안 볼 원수가 될 수도 있어. 마찬가지로 나라들 사이의 관계에서 다툼이 있으면 무기를 들고 싸우는 것이 아니라 평화적으로 해결해야 한다는 것이 '인류의 평화에 대한 권리 선언'이 강조하는 점이야. 그리고 평화에 대한 신성한 권리를 위해서는 우리 모두가 평화를 위해 연대해야 할 의무가 있어.

세계에서 가장 오래된 평화 조약은?

아주 오랜 옛날은 지금보다 전쟁이 더 많았어. 카데시 평화 조약은 기원전 13세기 히타이트의 왕 하투실리 3세와 이집트 파라오 람세스 2세가 두 나라 사이의 전쟁을 마무리하면서 맺은 최초의 평화 조약이야. 주된 내용은 적이 쳐들어오면 서로 돕고, 두 나라가 서로 침범하지 않겠다는 내용이야. 약 3000년 전에 평화를 위해 이런 조약을 맺었다니 놀랍지? 원본은 터키 박물관에 보관되어 있고, 뉴욕의 유엔 본부 앞에 역사상 최초의 평화 조약이라는 의미를 살려 2미터 크기의 복제품을 전시하고 있어.

카데시 평화 조약 내용이 새겨진 점토판

자연과의 연대

연대는 사람 사이에서만 있는 것이 아니야. 지구에서 인간을 포함한 모든 생명은 서로 연결되어 있잖아. 그러니까 '자연과의 연대'도 꼭 필요한 거야. 2002년 유엔에서는 아주 특별한 회의가 열렸어. 각 나라의 대표들이 모여 어린이 인권에 대한 회의를 하려고 했어. 나라의 대표들이 회의를 갖기 전에 먼저 어린이들만 참여하는 총회가 열렸어. 세계 150여 개 나라에서 400여 명의 어린이들이 참여했어. 이 총회에 모인 친구들은 전쟁과 환경 등에 대해 토론했고 '어린이들이 살기 좋은 세상'이란 선언문을 만들었어. 그 선언문에는 "우리는 환경 보호를 생각해요. 자연을 보존하고 구해야 해요. 어린이의 인권을 위해 건강하고 좋은 환경에서 살아야 한다는 걸 온 세상이 알아야 해요."라는 내용을 담고 있어.

자연을 구하기 위해 어린이들이 직접 나선 일도 많아. 브라질 아마존의 열대 우림에 대해 들어 본 일이 있을 거야. 아마존 열대 우림에

힘없이 파괴되고 있는 아마존 열대 우림
다국적 기업의 이익을 위해 나무를 마구잡이로 베어내면서 아마존 열대 우림이 파괴되고 있어. 돈이 되는 나무 한 그루를 베기 위해 최대 30그루 이상의 벌목이 이루어지고 있다고 해.

는 지구상의 공기를 정화하는 나무들이 많이 살고 있어. 또 그곳은 많은 동식물들의 삶의 터전이야. 그런데 돈을 벌 욕심에 나무를 마구 베어 내는 회사들이 있어. 그런 회사들은 법도 무시할 뿐만 아니라 나무 베는 것을 반대하는 사람들을 힘으로 괴롭히고 있어.

외국의 한 초등학교 친구들은 아마존 숲이 위험하다는 얘기를 듣게 됐어. 그 친구들은 아마존을 살리기 위한 모금 운동을 시작했어. 저금통도 깨고 집 안의 안 쓰는 물건을 모아 바자회도 열었어. 그렇게 모아진 돈으로 아마존의 나무를 살리기 위한 운동을 지원했어. 이 친구들이 아주 먼 아마존의 숲을 생각한 것은 그 나무들과 자신들이 서로 연결되어 있다는 걸 알았기 때문이야.

인권을 위한 발전

연대의 노력이 필요한 권리 중에는 '발전에 대한 권리'라는 것도 있어. 발전이라는 말을 흔히 쓰는 사람들은 경제 발전만을 생각해. 소득이 늘어나고 높은 빌딩이 올라가고 도로가 많이 생기는 것을 발전으로 생각하는 거야. 그렇게 하면 경제를 평가하는 수치는 올라가겠지.

인권에서 말하는 발전은 전혀 다른 뜻을 갖고 있어. 전체 소득은 늘었는데 그중에서 소수의 사람들만 더 부자가 되고 대다수 사람들은 더 가난해지는 경우가 있어. 높은 빌딩을 짓기 위해 그 땅에 사는 사람들을 내쫓는 일이 있어. 도로를 만들기 위해 논과 밭을 없애고 산을 깎아 터널을 만들어서 거기에 살고 있던 동식물들을 죽이기도 해. 이런 일을 벌이는 것을 인권에서는 '나쁜 발전'이라고 불러. 나쁜 발전은 수많은 사람들의 삶을 해치고 자연을 파괴하면서 소수의 사람들만 돈을 벌어 배를 불리는 발전을 말해.

인권을 중요하게 생각하는 관점에서 본다면 이런 발전은 나쁜 발전이야. 나쁜 발전을 반대하고 골고루 발전하는 방향으로 노력하는 것을 '발전에 대한 권리'라고 말해. 불평등을 줄이고 사람들의 삶을 더 낫게 만들자는 것이지. 차별을 없애고 골고루 소득이 돌아가도록 만드는 일, 사회 보장을 더 많이 늘리는 일이 발전이야. 배고픈 아이가 없도록 하고, 장애인 친구가 불편 없이 다닐 수 있도록 편의 시설을 만들고, 학교가 없는 곳에 학교를, 병원이 없는 곳에 병원을 짓는 것이 인권을 위한 발전이야. 그리고 이런 일을 할 때 자연을 해치지 않도록 조심하고 또 조심하는 게 인권을 위한 발전이야. 나쁜 발전을 좋아하는 사람들은 자기들이 돈을 많이 벌 수 없

'나쁜 발전'보다 불평등을 줄이는 '인권을 위한 발전'으로
낡은 저층 건물들 뒤로 고층 건물이 들어서 있어. '개발', '발전'이라는 이유로 그곳에 살던 사람들은 보금자리를 잃고 길거리로 쫓겨나고, 돈 많은 사람들이 그곳에 살게 되는 게 요즘 현실이야. 재산권만 중요하고 생존권, 주거권은 중요하지 않은 걸까?

다는 이유로 인권을 위한 발전을 반대하고 싫어해. 나쁜 발전에 맞서기 위해서 더 많은 친구들의 연대가 필요한 것이 바로 그 때문이야.

'세계 인권 선언'이라는 목걸이

지금까지 말한 평화를 위한 연대, 자연과의 연대, 인권을 위한 발전이 연대의 대표적인 사례야. 세계 인권 선언에서 말한 '인권이 존중되는 사회와 세계를 만들 의무'는 이런 연대에 힘쓰는 것을 말해.

친구들, 종이 고리로 목걸이를 만들어 본 적이 있지? 알록달록 색종이로 고리를 만들고 그 고리들을 이으면 멋진 목걸이가 되잖아. 세계 인권 선언의 권리들은 그 고리 하나하나와 같은 거야. 하나하나의 고리들을 연결해서 목걸이가 되듯 자유에 대한 권리와 평등에 대한 권리가 엮여서 인권이 완성되는 거야. 친구들은 목걸이를 서로 걸어 주며 생일 축하도 하고 춤도 춰 본 일이 있을 거야. 종이 목걸이가 즐거운 잔치의 분위기를 만드는 것과 마찬가지로 연대의 노력으로 세계 인권 선언이 잘 지켜진다면 즐거운 사회가 될 거야.

자기 삶의 주인공인 자유로운 '개인'이 만나 우리 모두가 존엄한 사람이란 걸 확인했어. 그런 평등한 관계 속에서 인권을 지키는 노력으로 멋진 목걸이를 만들어 보자. 그리고 우리 같이 이 목걸이를 걸고 인간 존중의 춤을 추는 건 어때?

내일까지 50% 할인해요!

요즈음 대형 마트를 가면 강아지, 고양이, 토끼, 물고기, 거북, 햄스터, 고슴도치, 이구아나 같은 다양한 반려동물과 먹이, 반려동물의 장난감 등을 손쉽게 살 수 있어. 얼마 전 한 대형 마트에서 반려동물을 무이자로 할부 판매하고 50퍼센트 할인을 한다고 해서 문제가 된 적이 있어.

동물 보호 단체는 동물을 손쉽게 사고파는 것을 반대해. 사람들이 생명에 대한 책임감 없이 동물을 구입 후 제대로 기르지 못하고 동물을 버리거나 죽이기 때문이야. 유럽과 미국에서는 우리나라처럼 반려동물을 사고팔지 않는다고 해. 집에서 동물이 새끼를 낳으면 아는 사람에게 입양시키거나 동물 보호 센터, 또는 동물 병원으로 보내고, 반려동물을 원하는 사람은 동물 보호 센터에서 입양하는 게 일반적이라고 해. 생명이 있는 동물을 공장에서 대량 생산되는 공산품처럼 마트에서 무이자 할부, 특별 할인 판매를 하는 나라는 우리나라밖에 없다고 해.

매년 12월 10일은 '세계 동물 권리의 날'이야. '동물 권리'란 간단히 말해서 '보호받아야 할 동물의 권리'를 말해. 동물은 인간의 필요에 의한 도구나 수단이 아니야. 하지만 인간은 이익과 목적을 위해 동물들을 학대하고 죽이고 있어. 매년 전 세계적으로 약 800억 마리 이상의 소, 돼지, 닭 등이 인간의 음식으로 쓰이기 위해 평생을 학대 속에 살다가 죽고 있어. 또 약 5억 마리 이상의 쥐, 토끼, 개, 원숭이 등이 실험실에서 고통을 당하며 죽어 가고 있어. 그리고 매년 1억 마리 이상의 너구리, 담비, 여우 등의 야생 동물이 인간이 만든 덫이나 올무에 잡혀서 끔찍한 고통을 당하며 죽거나, 산 채로 껍질이 벗겨져 모피가 되기도 해. 사람들이 돈이면 다 된다는 생각에 동물을 함부로 하는 건 아닌지 모르겠어. 여러분도 반려동물을 키우기 전에 신중하게 생각해 보면 좋겠어.

어린이가 주인공인
유엔 아동 권리 협약

어린이를 위한 권리

인류가 인권에 대해 한 약속은 세계 인권 선언에서 그치지 않았어. 선언은 출발점이 되었고, 선언을 표본으로 삼아 더 많고 다양한 국제적인 약속들이 만들어졌어. 그런 약속들을 '국제 인권 협약'이라고 불러. '협약'이란 여러 나라가 같이 지키겠다고 한 약속이야.

많은 국제 인권 협약이 있는데 그중에서도 제일 많은 나라가 약속한 협약은 '유엔 아동 권리 협약'이야. 1989년 11월 20일에 유엔 총회에서 채택한 이 협약의 주인공은 18세 미만의 모든 어린이와 청소년이야. 자그마치 190개가 넘는 나라가 이 협약을 지키겠다고 서약했어. 물론 우리나라도 포함되어 있어. 유엔 아동 권리 협약에 담긴 권리들은 세계 인권 선언의 자유, 평등, 연대를 어린이의 입장에서 더 자세하게 설명하고 있어.

아이들과 함께 죽음을 선택한 야누슈 코르착

세계 인권 선언이 전쟁에 대한 반성에서 태어난 것과 마찬가지로 유엔 아동 권리 협약에도 비슷한 배경이 있어. 제2차 세계 대전 때 많은 나라가 히틀러의 부대에 점령당했어. 히틀러의 부대는 정복한 나라들

죽음으로 내몰리는 유대인들
히틀러는 유대인을 없애기 위해 점령 지역 곳곳에 유대인을 강제 격리하는 유대인 거주 지역 게토를 세웠어. 또한 유대인들을 강제 수용소로 보내 잔혹하게 살해했어.

의 땅에 수용소를 세우고 유대인을 가두어 죽이는 데 사용했어. 그때 점령당한 곳 중 하나가 폴란드였어.

당시 폴란드에는 야누슈 코르착이란 훌륭한 선생님이 있었어. 코르착은 의사이자 작가였고 무엇보다도 아이들의 친구였어. 코르착은 어린이집을 세우고 전쟁으로 부모를 잃은 아이들과 가난한 아이들을 돌보며 살았어. 그런데 히틀러의 부대는 어린이집의 아이들이 유대인이란 이유로 수용소의 가스실로 보내기로 결정했어. 코르착은 너무 슬펐어.

코르착을 존경하던 사람들은 "코르착, 당신이라도 살아야 한다."라며 코르착에게 도망치라고 권했어. 하지만 코르착은 아이들을 버리고 그렇게 할 수 없었어. 아이들이 얼마나 무서워할지를 알았기 때문에 코르착은 끝까지 아이들과 함께하기로 결심했어. 코르착은 아이들을 달래 주기 위해 가장 좋은 옷을 입히고 노래를 부르면서 같이 수용소로 갔어. 그리고 그곳에서 사랑하는 아이들과 같이 죽음을 맞이했어. 평소 코르착은 "어린이는 비로소 인간이 되는 것이 아니라 이미 하나의 인간이다."라는 말을 자주 했고 그 말대로 평생 아이들을 친구처럼 여겼던 거야.

유엔에서 제일 먼저 아동 권리 협약을 만들자고 한 나라는 폴란드였어. 폴란드는 코르착과 그 아이들을 기억하고 있었기 때문에 아이들을 위협하는 전쟁과 차별이 없도록 세계적인 약속이 필요하다고 여겼던 거야. 1978년 폴란드가 공식적으로 제안을 하기 전에도 '어린이 권

어린이를 사랑한 야누슈 코르착(1878~1942)
야누슈 코르착은 제2차 세계 대전 당시 독일 히틀러 부대의 유대인 대학살이라는 끔찍하고 절망적인 상황에서 고아들을 돌보았고, 아이들과 함께 죽음을 맞이했어.

리 선언'이란 것들이 몇 개 있기는 했어. 그런데 그 선언들은 어린이를 온전한 사람으로 보기보다는 그저 돌보고 보살펴 줘야 하는 존재로만 바라봤어.

　유엔 아동 권리 협약은 나이와 상관없이 어린이도 인권을 존중받아야 할 사람이란 생각에서 만들어졌어. 그래서 협약에는 아이들이 존중받아야 할 권리를 담았고, 그 권리들은 세계 인권 선언과 마찬가지로 자유, 평등, 연대의 원칙에 기초하고 있어.

우리나라의 '학생 인권 조례'도 바로 유엔 아동 권리 협약을 표본으로 삼아서 만든 거야. 친구들의 생활과 직접 연결되어 있는 유엔 아동 권리 협약의 의미를 깊게 생각해 보면 좋겠어.

사진으로 보는 세상

세계의 어린이들

어른들은 아이들에게 미래의 주인이라고 하지만 '이렇게 해라, 저렇게 해라'며 의무를 강요해. 그러고는 아이들이 바라는 것, 꿈꾸는 것, 힘들어하는 것은 모른 척할 때가 많아. 아이들에게도 의무만큼이나 소중한 권리가 있다는 것을 어른들은 모르는 걸까?

한국에서 온 카메라다!

"한국 친구들, 안녕?"

1 앙코르 와트가 있는 캄보디아 씨엠립에서 차로 한 시간 정도 떨어진 마을에서 만난 친구들이야. 웃는 모습이 참 예쁘지? 2 네덜란드 암스테르담 어느 공원에서 만난 아기들이야. 자전거의 나라 네덜란드에서는 엄마 자전거에 아기들을 태운 수레를 연결하고 다니는데 아주 재미있어 보여. 3 동남아시아 라오스 오지 마을에서 만난 세 귀염둥이. 이 마을은 전기가 매우 귀해서 밤이 되면 촛불을 켜고 생활해. 4 캄보디아 씨엠립에서 만난 개구쟁이들. 5 라오스의 북쪽 끝 국경 마을 무앙씽에서 만난 친구들. 6 베트남 세계 문화유산 도시 호이안에서 만난 친구들. 7 에스파냐 팜플로나에서 만난 친구. 팜플로나는 소를 쫓는 소몰이 축제가 유명해. 동네 아이들도 소머리 모양의 장난감을 가지고 놀더라고. 아주 재미있겠지? 8 라오스 무앙응오이 누아에서 만난 친구들. 어린 친구가 동생을 야무지게 안았어. 아주 의젓하지? 9 태국 북부 작은 마을 빠이에서 만난 여자아이. 이름은 '라'라고 하고 단 것을 좋아하는 정말 귀여운 친구야.

"소몰이 축제를 보러 와."

4

희망을 만들어 가는 우리 이웃 이야기

글·사진 전희정

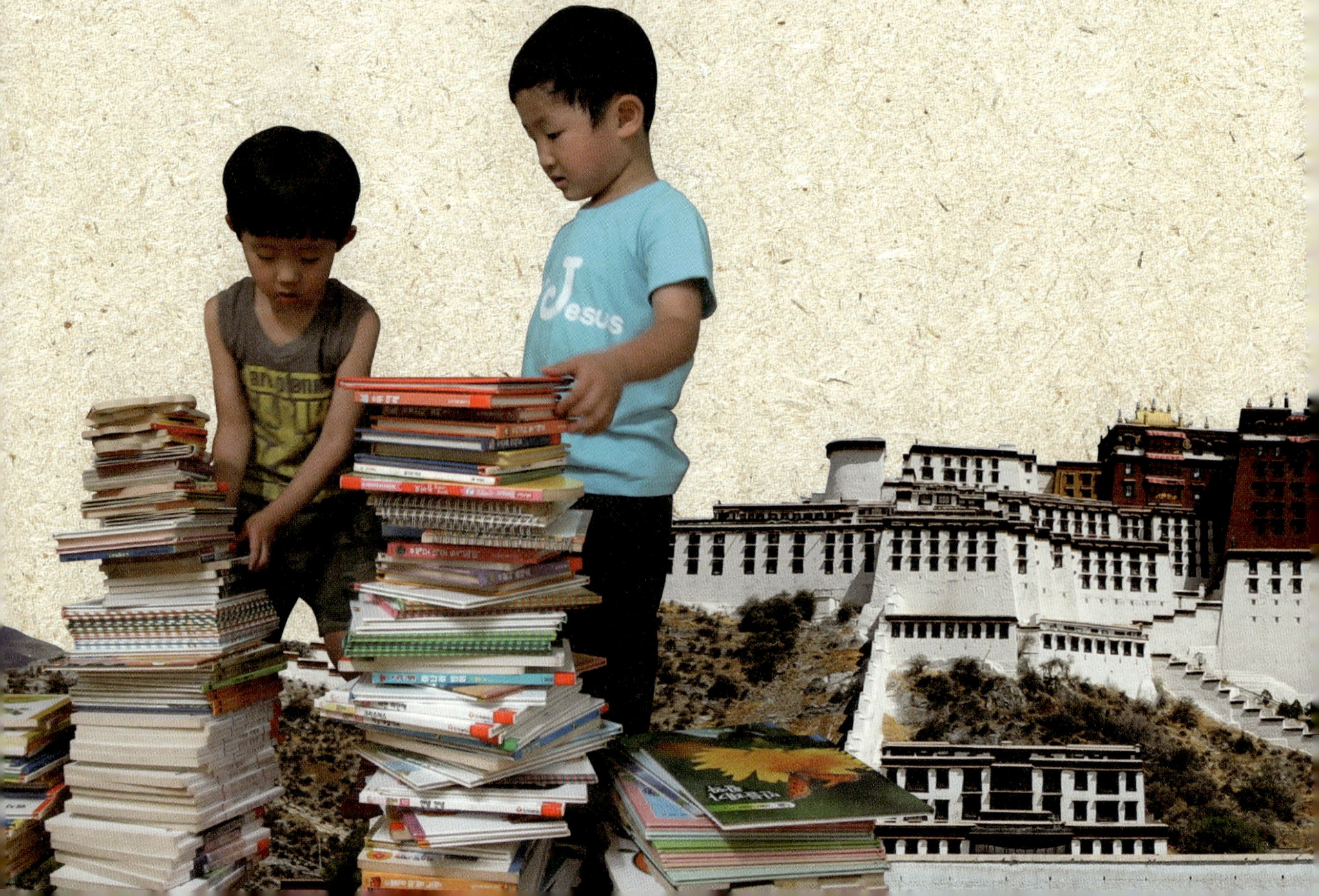

친구들, 안녕? 나는 사람들이 살아가는 소소한 일상을 사진 찍고, 그림 그리고, 글로 남기는 것을 좋아해. 이번에는 친구들에게 따뜻한 우리 이웃 이야기를 들려주려고 해. 인권이라면 거창해 보이지만 우리 주변에 관심을 갖는 것에서 인권에 대한 관심이 시작된다고 생각해. 하루가 다르게 각박해져 가는 세상이지만 조금만 관심을 갖고 주위를 둘러보면 넉넉하지 않아도 다른 사람들과 함께 나누려고 하는 이웃이 참 많은 것 같아. 자, 우리 이웃을 만나러 같이 가 볼까?

사직동, 그 가게

> 티베트 난민을 돕는

'세계의 지붕'이라 불리며 히말라야산맥에 위치한 티베트는 1951년부터 중국의 지배를 받고 있어. 오늘날도 중국의 탄압으로 많은 티베트 사람들이 자신들의 고향 티베트를 떠나 주변 나라를 떠돌며 난민 생활을 하고 있어.
사직동 언덕에 있는 '사직동, 그 가게'는 바로 티베트 난민을 돕는 가게라고 해. 어떤 가게인지 함께 가 볼까?

'록빠'는 티베트어로 '친구, 돕는 이'란 뜻이래.

진한 카레향 가득했던 '사직동, 그 가게'

활짝 핀 벚꽃이 꽃비가 되어 흩날리던 날, 야트막한 한옥이 정겹게 어우러진 동네에 자리 잡은 사직동, 그 가게를 찾아갔어. 고개를 올라가니 가게 밖으로 흘러나오는 진한 카레향이 내 코를 자극했어. 가는 날이 장날이라더니 그날이 일주일에 한 번 가게가 쉬는 월요일이지 뭐야. 작은 가게 안에서 뚝딱뚝딱 고장 난 의자를 고치는 오빠, 메뉴판 메뉴를 고쳐 쓰는 언니, 주방에서 한 무더기 토마토와 양파를 썰고 있는 언니들, 가게 뒤편 작은 마당에서 열심히 카레를 젓고 있는 언니들이 불쑥 찾아온 나를 반갑게 맞아 주었어. 월요일은 가게를 열지 않고 대신 자원 활동가들이 모여 일주일 분의 카레를 만든다고 해. 가게를 살펴보니 자원 활동가를 모집한다는 글이 눈에 들어왔어. 아, 저 분들이 자원 활동가들이구나.

티베트의 정신적 지도자 '달라이 라마'

티베트는 중국 서쪽에 있는 자치구의 하나로, 세계에서 가장 높은 4,500미터 높이에 있어서 '세계의 지붕'이라고도 해. 히말라야산맥과 쿤룬산맥으로 둘러싸인 험준한 자연환경 덕분에 티베트 사람들은 수백 년 동안 티베트 언어, 티베트 종교, 티베트 문화를 지키며 살아올 수 있었어.

달라이 라마는 사람 이름이 아니라, 티베트어로 종교와 정치의 지도자라는 뜻이야. 현재 제14대 달라이 라마는 티베트를 떠나온 난민들과 인도 다람살라에 망명 정부를 세우고 중국으로부터 티베트 독립을 위해 평화 운동을 하고 있어.

현재의 달라이 라마는 제14대 달라이 라마로, 인도 다람살라에 티베트 망명 정부를 세우고 티베트의 독립을 위해 애쓰고 있어.

티베트 사람들은 왜 티베트를 떠나야 했을까?

티베트 사람들은 왜 티베트를 떠나 낯선 인도 다람살라에 망명 정부를 세워야 했을까? 아주 오래전부터 중국은 아름다운 나라 티베트를 탐냈어. 중국은 '라마 불교'라는 티베트의 고유 종교를 문제 삼지만, 티베트의 자원을 욕심내고 있어. 일제 강점기 때 일본이 조선에 들어와 문명화, 근대화시키겠다는 명분으로 조선의 자원을 약탈하고 중국, 러시아로 진출하려고 했던 것처럼 말이야.

티베트와 중국의 아주 오래된 불편한 역사

티베트와 중국의 불편한 역사는 아주 오래되었어. 긴 역사 속에 중국이 힘이 셀 때도 있었고, 티베트가 힘이 셀 때도 있었어. 7세기에서 9세기에는 티베트가 힘이 세서 중국의 수도 베이징 근처까지 위협할 수 있는 강한 군대가 있었어. 하지만 점점 힘

FREE TIBET 저항에 동참하자

티베트의 독립 운동에 동참하자는 구호야.

이 커진 중국에 밀려 티베트는 1951년 중국에 나라를 빼앗기고 지금까지 중국의 지배를 받고 있어. 중국은 티베트를 침략하는 과정 속에서 6,000여 개의 불교 사원을 파괴했고, 승려를 감옥에 가두었으며, 당시 전체 인구의 6분의 1인 120만 명을 학살하기도 했어.

티베트 난민들 중에는 가족이 다 함께 오지 못하고 아이들만 떠나오는 경우도 많다고 해.

중국의 탄압이 점점 더 거세지자 달라이 라마는 망명을 결심하고 1959년 히말라야를 넘어 인도로 갔어. 그리고 훗날 '작은 라싸'라고 불리게 된 다람살라에 티베트 망명 정부를 세운 거야. 라싸는 과거 티베트의 수도로 달라이 라마의 궁전과 대사원이 있는 도시야.

티베트의 상징, 포탈라궁
포탈라궁은 티베트의 정신적 지도자 달라이 라마가 겨울에 머물렀던 궁전이야. 1642년 제5대 달라이 라마에 의해 건축되었고, 완성하는 데 10여 년이 걸렸다고 해. 지금은 중국 국기가 걸려 있다고 해.

티베트 난민이 모여 사는 인도 다람살라

티베트 사람들은 조상 대대로 이어 온 생활 방식으로 살고 싶은 소박한 바람을 가지고 있어. 하지만 지금 이 순간에도 티베트 본토에서는 정치적 발언을 하는 티베트 사람들을 감옥에 가두고 고문하는 일이 일어나고 있어. 그래서 한 해 5,000명에 가까운 티베트 난민들은 목숨을 걸고 히말라야의 험한 산을 넘어서 인도와 네팔로 탈출하고 있어. 인도 다람살라는 그렇게 목숨 걸고 티베트를 떠나온 난민들이 모여 사는 곳이야.

티베트 난민의 자립을 돕는 '록빠'

사직동, 그 가게는 티베트 난민을 돕는 가게라고 했지? 어떻게 한국에서 티베트 난민을 도울 수 있을까? 인도 다람살라에 가지 않아도, 티베트에 가지 않아도 도울 수 있을까? 사직동, 그 가게는 인도 다람살라에 있는 록빠라는 가게를 후원하는 곳이야. 록빠는 티베트 난민들 스스로의 힘으로 일어설 수 있도록 도움을 주는 시민 단체이지. 인도 다람살라 난민촌에서 일하는 티베트 난민들을 위해 록빠 무료 탁아소를, 티베트 여성들의 자립을 위해 수공예 작업장을 운영하고 있어. 인도 다람살라에 있는

사직동, 그 가게에 가면 인도 다람살라에 머무는 티베트 여성들이 만든 수공예품도 살 수 있고, 안 읽는 책을 기증하면 록빠 어린이 도서관을 만드는 데 도움을 줄 수도 있어.

록빠에 가면 티베트 난민 여성들이 직접 만든 지갑, 노트, 가방, 스카프, 앞치마 같은 것을 살 수 있어.

　서울 종로구에 있는 사직동, 그 가게는 인도 다람살라에 있는 록빠를 돕기 위해 한국에 만든 록빠 2호점인 거야. 티베트 난민 여성들이 한 땀 한 땀 만든 수공예품을 판 수익금은 인도 다람살라의 록빠로 보내고, 자원 활동가들의 활동으로 운영되는 사직동, 그 가게의 수익금은 록빠 어린이 도서관을 만드는 데 쓰인대.

티베트 어린이들의 희망 공간 '록빠 어린이 도서관'

　인도 다람살라에 있는 록빠 어린이 도서관은 난민촌에 사는 티베트 어린이들 스스로 평화와 희망을 만들어 가는 공간이야. 난민촌에서 사는 어린 친구들은 제대로 먹고, 입고, 공부할 수 없어. 학교가 부족해서 맘껏 공부를 할 수 없고 가족과 헤어져 낯선 곳에서 외롭게 지내고 있는 어린이도 있을 거야. 안타까운 일이야.

　록빠 어린이 도서관은 티베트를 떠나온 어린이들이 공부를 할 수 있게 해 주고, 다른 나라의 어린이들처럼 자유롭게 큰 꿈을 꿀 수 있도록 돕기 위해 만든 거야. 이 일을 함께 돕고 싶다면 사직동, 그 가게에 찾아가 집에서 읽지 않는 영어로 된 책을 기증하거나, 얼마의 돈을 기부할 수도 있어. 그 돈으로 도서관에 오지 못하는 아이들을 찾아가는 이동식 도서관을 운영한단

다. 이동식 도서관인 버스를 채울 책도 구입하고 말이야.

 조금만 관심을 가지고 주위를 둘러보면 친구들이 할 수 있는 일이 많아. 사직동, 그 가게에 들러 자원 활동가들이 만든 맛있는 카레를 먹거나 두 달에 한 번씩 열리는 '멜로디 잔치'에 참가해도 좋아. 맛있는 음식도 먹으며 멋진 가수들의 공연을 즐기고, 집에서 안 쓰는 물건을 가져와 벼룩시장에 팔고 수익금의 일부를 낼 수도 있어.

 지구 마을이라는 게 뭐 별건가? 나와 처지가 다른, 나보다 어렵고 힘든 친구들을 도와주면 되는 거지. 어때? 의외로 참 쉽지?

붕붕 도서관

장난꾸러기들의 놀이터

친구들은 자주 가는 도서관이 있니? 붕붕 도서관은 서울경마공원 앞에 있는 작은 마을 도서관인데, 동네 장난꾸러기들이 모여 마음껏 뛰어놀며 큰 꿈을 꾸는 놀이터 같은 곳이야. 장난꾸러기들의 웃음소리가 끊이지 않는 이런 도서관이 우리 동네에도 있으면 얼마나 좋을까?

작은 마을 도서관 '붕붕 도서관'

이번에는 붕붕 도서관 이야기야. 가기 전에 인터넷으로 알아보고 갔는데, 경마공원역에서 내리니 비닐하우스밖에 안 보였어. 이런 곳에 도서관이? 있긴 있는 거야? 불안해하면서 비닐하우스 사이를 걷다 보니 나무로 만든 붕붕 도서관 간판이 보였어.

붕붕 도서관은 경마공원 건너편 비닐하우스 동네에 사는 아이들을 위한 작은 마을 도서관이야. 비닐하우스 동네 이름이 '꿀벌마을'이어서 붕붕 도서관이라는 이름을 붙였대. 붕붕 도서관, 이름 참

지하철 4호선 경마공원역 맞은편 비닐하우스 동네에 자리 잡은 붕붕 도서관의 입구야.

붕붕 도서관은 원래 민재네 집이었대. 이 동네 아이들이 마음 편하게 지낼 공간이 필요하다고 생각한 민재 어머니가 살던 집을 도서관으로 내놓았다고 해.

귀엽지?

　꿀벌마을은 1980년대 도시 개발이 시작되면서 갈 곳을 잃은 사람들이 터를 잡고 살기 시작했고, 1990년대 말 IMF 경제 위기를 거치면서 이곳으로 오는 사람들이 더욱 늘어나 지금과 같은 마을이 되었대.

　이 마을은 아이들이 놀 마땅한 공간이 없어 이곳에 사는 민재 어머니가 살던 공간을 내놓았고 동네 주민들과 과천시 사람들이 뜻을 모아 놀이터 겸 도서관을 만들게 되었대. 가 보니까 골목길은 돌이 군데군데 박혀 있는 비포장 도로이고, 비닐하우스 사이를 수시

형아들, 누나들! 붕붕 도서관에 놀러 와!

로 차가 다니기 때문에 아이들이 놀기엔 위험해 보였어.

똘똘이 민재를 처음 만난 날

붕붕 도서관은 어떤 도서관일까? 어떤 아이들이 있을까? 내심 기대를 하고 갔어. 첫날 만난 사람은 자원 활동가 양배추 선생님과 자원 활동을 하러 온 고등학생 세 명, 민재라는 여섯 살짜리 남자아이 한 명이었어.

그날은 양배추 선생님과 국립현대미술관에 가기로 한 날이었어. 아이들이 놀 공간이 마땅치 않기 때문에 가끔은 아이들을 데리고 다른 곳을 가곤 한대. 미술관으로 가는 길에 민재가 혼자 가고 있는 남자아이를 보고 '저 형 혼자 온 건가?' 하면서 따라갔어. 어머니가 일하기 때문에 혼자 있는 시간이 많은 민재가 자기처럼 혼자 있는 형이 마음에 걸렸나 봐. 이 작은 아이가 다른 사람을 생각할 줄 안다는 게 가슴 찡했어.

민재 어머니가 차려 준 맛있는 저녁까지 먹고 집으로 돌아오는 길에 다음엔 꼭 다른 아이들도 만났으면 좋겠다 생각했어.

국립현대미술관에서 재미난 시간을 보내고 있는 민재

책보다 친구가 더 좋아

붕붕 도서관을 두 번째 찾아간 날엔 민재가 친구인 성찬이와 놀고 있었어. 야호! 오늘은 두 명이다. 도서관 거실에서 쿠션을 이리 쌓았다, 저리 쌓았다 하면서 시간 가는 줄 모르고 놀고 있었어. 도서관에 왔으니 그래도 책은 읽어야 하는 거 아닌가 생각할 때, 민재랑 성찬이가 책방으로 들어갔어. 오호라, 열심히 놀았으니 이제 책을 좀 읽으려나 했지만 그게 아니었어. 책을 잔뜩 쌓아 놓고 책 장사 놀이를 시작하더라고. 양배추 선생님과 나는 열심히 책을 사 주었지. 책은 인생의 좋은 친구라고 하지만, 역시 책보다 더 좋은 건 진짜 친구라는 걸 새삼 깨달았어.

무너질 때까지 쌓자! 이보다 더 재미있는 놀이가 또 있을까?

동생들을 잘 챙기는 지성이와 지원이

6시쯤 되었을 때 얼굴이 하얀 4학년 지성이가 도서관에 나타났어. 태권도 2품을 땄다고 증을 보여 주며 자랑하더라고. 그러고는 민재에게 '형이 자전거 밀어 줄까?' 하면서 민재를 자전거에 태우고 밀어 주었어. 민재를 한 번 밀어 주고 성찬이도 밀어 주는 센스도 잊지 않고. 요즘 4학년 남자아이는 다 저렇게 착한 거야?

저녁 무렵 지성이가 자기처럼 얼굴이 하얀 여동생 지원이를 데려왔어. 지원이는 귀여운 목소리로 피겨 스케이팅을 배운다고 자신을 소개

도서관 마당에서 민재, 성찬이와 놀아 주고 있는 붕붕 도서관 듬직이 지성이

했어. 아, 여기 아이들도 이것저것 배우느라 바빠서 주말에 여는 도서관에 자주 못 오겠다는 생각이 들었지. 붕붕 도서관은 주말에만 1시부터 7시까지 문을 열거든.

오늘도 민재 어머니가 차려 준 맛있는 저녁을 먹었는데, 밥을 먹는 동안 지원이는 민재의 밥을, 지성이는 성찬의 밥을 챙겨 주었어. 밥 다 먹으면 선물을 주겠다고 어르기도 하면서 말이야. 지원이랑 지성이는 아버지, 할머니하고 산다고 들었는데, 어른스럽고 동생들을 잘 챙기는 모습에 다시 한번 깜짝 놀랐지 뭐야.

단짝 남매 유경이와 규성이

붕붕 도서관을 세 번째 찾아간 날은 또 다른 아이들을 만날 수 있었어. 4학년 여자아이인 유경이와 유경이 남동생인 1학년 규성이야.

도서관 거실은 언제나 장난꾸러기들의 신나는 놀이터야.

 이미 집에서 실컷 물놀이를 하다가 민재랑 물놀이를 하려고 온 거야. 규성이랑 민재가 한편이 되어 유경이랑 물놀이를 시작했어. 아이들은 한 시간 가까이 도서관 마당에서 물을 뿌리고 소리를 지르며 놀았어. 좁은 비닐하우스 마당이지만 그곳은 자전거 타기, 달리기, 물놀이 등을 할 수 있는 아이들의 놀이터였어. 도서관을 만든 어른들이 바랐던 것도 이런 게 아니었을까?

 물놀이를 마치고 양배추 아저씨가 챙겨 주는 간식을 먹은 후 민재랑 규성이는 붕붕 도서관에서만 할 수 있는 쿠션 놀이를 시작했어. 외나무다리처럼 쿠션을 만들어 놓고 그 위를 걷거나 타잔처럼 소리를 지르며 쿠션에서 뛰어내리는데 정말 재미있어 보였어. 세상에 이보다 더 재미있는 놀이가 있을까 싶을 정도로 말이야.

얘들아, 종이 인형극 보러 놀러 와

　오늘은 좀 특별한 놀이를 하기로 했어. 바로 종이 인형극이야. 제목은 『해와 달이 된 오누이』. 내용은 이미 잘 알고 있기 때문에 각자가 좋아하는 역할을 종이 인형으로 만들고 거기에 줄을 매달아 종이 인형극을 하기로 했어.

　호랑이는 민재가 만들고, 주인공 오빠는 지성이가 만들었으며, 규성이가 배경을 그리고, 유경이가 대본을 썼어. 준비하는 모습을 보고 있으니 연극에 대한 기대는 더 커졌어. 사람 수가 적어 한 사람이 몇 가지 역할을 해야 했지만 각자 맡은 역할에 충실하려고 노력하는 모습이 예뻐 보였어.

　준비를 끝낸 아이들이 드디어 연극을 시작했어. 개그 본능이 넘치는 유경이가 호랑이 역할을 맡아서 "떡 하나 주면 안 잡아먹지! 어흥!" 하자, 관객이던 민재랑 규성이가 깔깔거리며 웃었어. 배우와 관객이 일치되는 순간이 바로 이때가 아닐까.

　비록 서툴지만 연극을 만드는 동안 즐거웠고, 공연하는 동

옛이야기 『해와 달이 된 오누이』로 종이 인형극을 하고 있는 봉봉 도서관 장난꾸러기들

안 같이 웃을 수 있어서 좋았던 것 같아. 다음엔 『늑대와 아기 돼지 삼 형제』를 인형극으로 만들어 보기로 했어.

개구쟁이들의 놀이터, 붕붕 도서관

사실 붕붕 도서관에 가기 전 나는 아이들에게 재미난 책을 읽어 주겠다고 생각했어.

아이들이 직접 만든 종이 인형

막상 도서관에 가 보니 지역에서 기증받은 좋은 책은 많았지만, 찾아오는 아이들 숫자도 많지 않았고, 온다고 해도 책을 읽는 아이들은 거의 없었어. 붕붕 도서관은 어려운 환경 속에서 만든 소중한 도서관이고, 도서관에 오면 조용히 책을 읽어야 하는 게 아닌가 생각했지. 하지만 붕붕 도서관 아이들을 만나고 나서 생각이 바뀌었어.

친한 동네 형, 누나, 동생을 만나 놀 수 있고, 동네 아줌마가 차려 주는 맛있는 저녁도 먹을 수 있는 이런 도서관이 또 있을까? 붕붕 도서관은 동네 아이들이 마음껏 뛰어놀 수 있는 놀이터 같은 곳이었어. 이거면 충분한 거 아닌가?

붕붕 도서관은 누구에게나 언제나 열려 있어. 붕붕 도서관의 장난꾸러기들과 놀고 싶은 친구들은 언제든지 놀러 와.

청소년 인권 행동 아수나로

청소년이 이 사회의 주인이 되는 그날까지!

모두 청소년에게 인권을!

우리나라 청소년들은 좋은 대학에 들어가기 위해 밤늦게까지 학원에 다니고 그로 인해 스트레스를 많이 받아. 학교생활에서는 왕따, 학교 폭력 등으로 고통을 받기도 해. 청소년 인권 행동 아수나로는 더 나은 청소년 인권에 대해 고민하고 활동하는 청소년 인권 단체야. 우리나라 청소년들이 어떤 고민을 하고 있고, 아수나로는 어떤 활동을 하고 있는지 알아볼까?

최초 시민 발의 '서울 학생 인권 조례'

'학생 인권 조례'라는 말 들어 봤니? 학생, 인권이란 말은 알겠는데 '조례'라는 말이 어렵다고? 조례는 중앙 정부가 아닌 지방 자치 단체가 제안해서 제정하는 법을 말해.

2011년 12월 19일 서울 학생 인권 조례가 가결되었고, 2012년 1월 26일에 공포되었어. 경기도, 광주광역시에 이어 서울시는 세 번째로 학생 인권 조례가 통과된 건데, 서울 학생 인권 조례는 서울 시민이 발의해서 이루어진 최초의 학생 인권 조례라는 데 의의가 있어.

어떤 이유로든 차별받지 않을 권리

요즘은 뉴스를 보기가 무서울 정도로 학생들이 자살했다는 소식이 많아. 한창 꿈이 많은 학창 시절에 성적, 친구 문제, 가정불화 등으로 자

학생 인권 조례는 제정된 것으로 끝이 아니라, 잘 지켜지고 있는지 관심을 갖고 지켜봐야 해. 서울 학생 인권 조례가 공포된 후 잘 지켜지고 있는지 실태 조사 후 기자 회견을 하고 있어.

살을 선택한다는 건 정말 안타깝고 불행한 일이야. 이건 자살을 선택한 개인의 문제가 아니라 우리 사회가 그만큼 어린 친구들을 힘들게 하고 있다는 생각이 들어.

　서울 학생 인권 조례를 보면 학생 인권이란 '학생이 인간으로서 존엄성을 유지하고 행복을 추구하기 위해 보장되어야 하는 기본적인 권리이고, 모든 학교생활에서 가장 우선적으로, 최대한으로 보장되어야 한다.'고 나와 있어. 세계 인권 선언이랑 비슷하지? 구체적으로 어떤 내용인지 살펴볼까?

　학생은 성별, 종교, 나이, 민족, 언어, 장애 여부, 가족, 인종, 성적 등의 이유로 차별받지 않을 권리, 구타나 언

서울시에서 만든 학생 인권 조례 자료집이야.

아수나로에서 만든 서울 학생 인권 조례 자료집이야.

청소년을 위한 정책을 펼쳐 주세요
청소년들이 2012년 대통령 선거 후보자들에게 청소년이 원하는 교육 정책을 제시했어. 청소년이 원하는 교육 정책 1위는 '학생 인권'과 '학생 참여 보장'이야.

어폭력, 따돌림, 괴롭힘, 성폭력 같은 어떤 폭력도 당하지 않을 권리, 너무 많은 학습 부담에서 벗어나 적절하게 쉴 권리, 머리 스타일, 옷 입는 스타일 등 겉모습에서 자유롭게 개성을 실현할 권리, 안전한 먹을거리로 안전하게 만든 급식을 먹을 권리 등에 대해 규정하고 있어.

학생들이 스스로 나서야 해

그런데 학생 인권 조례가 시행된다고 해서 학생들의 인권이 바로 보호되는 것은 아니야. 학생들이 직접 나서서 학교의 주인이 되어야 해. 학생 인권 조례는 학교가 지켜야 할 최소한의 기준으로 만든 것이거든. 세계 인권 선언이 사람이 사람답게 살 수 있도록 최소한의 기준을 마련한 것처럼 말이야. 학교는 학생 인권 조례에 어긋나지 않게 학교 규칙을 바꿔야 하고, 학생들이 직접 민주적으로 참여해서 더 나은 학칙을 만들 수 있어. 하지만 정작 학생들은 자신들이 직접 학칙 개정에 참여할 수 있다는 것도 모르고, 알고 있더라도 학칙 개정 절차가 복잡해서 잘 참여하지 못한다고 해.

학원 가고, 공부할 시간도 부족한데 학교 규칙을 개정하는 일에 참여하는 건 생각조차 못 한다고? 하지만 인권은 누가 대신 찾아 주고 만들어 주는 게 아니야. 앞에서 살펴본 인권의 역사도 억압받고 고통받던 노동자, 농민, 시민이 들고 일어나서 자신들의 권리를 얻어 낸 것이잖아. 인권을 찾길 두려워하는 것은 자기 자신의 주인이 되는 것을 두려워하는 거야.

청소년 인권 행동 아수나로

더 나은 청소년의 삶을 위해 청소년 인권을 공부하고 알리는 청소년 인권 단체가 있어. '청소년 인권 행동 아수나로'라고 하는 청소년 인권 단체인데, 2006년 2월 본격적인 활동을 시작해 현재까지 아주 활발하게 활동하고 있어. '아수나로'라는 이름은 한 일본 소설에 나오는 청소년 단체 이름에서 따온 거래. 사전적인 의미는 측백나무과의 나무를 말하고, '죽지 않는다'는 뜻도 있대.

각 지역별로 청소년 모임이 활발하게 이루어지고 있고, 열심히 활동하는 활동가가 100명 정도 된다고 해. 주요 활동을 보면 2006년 두발 자유화 요구 거리 시위, 2007년 고

학교 폭력이나 성적 문제 등으로 고민하다 목숨을 끊는 청소년들이 많아. 하루빨리 청소년이 즐거운 학교생활을 누릴 수 있고 인권이 보장되는 학교가 되었으면 해.

등학교별 명문대 합격자 현수막 철거 운동, 2009년 일제 고사 반대 운동, 2012년 학생 인권 조례 시행 촉구 집회 등을 해 왔어. 친구들의 부모님이 학교에 다닐 때만 해도 교문 앞에서 선생님들이 지키고 섰다가 머리가 길거나 복장이 불량한 학생을 따로 세워 놓고 벌을 주곤 했어. 그런데 이제 머리카락 염색을 하거나 길게 기르는 등 자신의 개성을 실현할 권리를 학생 인권 조례에서 명시하고 있는데, 청소년 인권 행동 아수나로가 큰 몫을 한 거였네.

> 청소년은 다른 모든 사람과 같이 인간으로서 사람답게 살 권리가 있다. 청소년이라고 해서 누리지 말아야 할 인권 따윈 없다!
>
> 청소년 인권 행동 아수나로
> – 청소년 인권 선언 1조

나는 청소년 인권 활동가다

'검은빛'이라는 별명으로 아수나로에서 열심히 활동하고 있는 청소년 인권 활동가를 만나 좀 더 자세한 이야기를 들어 보기로 했어. 서울시 영등포구 문래동 철공소 골목에 있는 아수나로 사무실에서 만났지.

청소년 인권 활동가는 어떤 사람일까 궁금했는데, 그날 검은빛 활동가는 긴 머리에 검은 뿔테 안경을 쓰고, 딱 붙는 청바지에 투박한 가죽 신발을 신고 나왔어. 그 모습이 '나, 자유인이야.' 하고 검은빛 활동가의 성격을 말해 주는 것 같았어.

검은빛 활동가는 어머니의 권유로 2009년 11월쯤 아수나로에 가입하고 2011년 2월부터 본격적으로 활동을 시작했어.

청소년에게 정치적 권리를!

검은빛 활동가가 관심을 갖고 중점적으로 활동하는 분야는 '청소년의 정치적 권리 찾기'야. 선거할 수 있는 나이를 만 19세에서 만 18세로 낮추기 위해 노력했지. 중앙 선거 관리 위원회 자료를 보면 세계 166개 나라 가운데 만 18세부터 선거권을 주는 나라가 143곳으로 약 86퍼센트에 이른대. 연령도 16, 17세로 낮아지고 있는 추세이고, 더 어려도 신청하면 선거를 할 수 있게 열어 둔 나라도 있대. 그런데 우리나라는 만 19세가 되어야 선거를 할 수 있었어. 선거권이 없는 사람은 선거도 할 수 없고, 선거에 나갈 수도 없고, 선거 운동도 할 수가 없기 때문에 청소년의 권리가 외면당하고 있었던 거지. 검은빛 활동가는 청소년 인권을 찾기 위해서라도 만 18세부터 선거할 수 있는 권리가 있어야 한다고 생각했어. 청소년 문제는 청소년이 가장 잘 알고 있으니까.

우리나라 청소년들은 대학 간 다음에 자유를 누리라는 말을 듣고 살지. 더 나은 미래를 위해 현재는 고통스러워도 참으라는 건데, 검은빛 활동가의 이야기를 듣다 보니 우리나라처럼 대학 입시로 고통받는 청소년들이 자신의 목소리를 내기 위해서는 선거 연령을 낮추는 것도 하나의 방법이 될 수 있다는 생각이 들었어.

2019년 선거 연령이 만 18세로 낮아졌어. 많은 사람들의 노력이 결실을 맺은 거지. 하지만 아수나로는 여기서 만족하지 않고 더 많은 청소년들의 참정권을 위해 계속 활동할 거라고 해.

인권이란 자유로워지는 것

검은빛 활동가에게 인권이란 무엇이라고 생각하냐고 물었더니, '당연한 것'을 다시 생각해 보는 것, 내가 뭘 원하는지, 내가 뭘 바라는지, 안 된다고 생각했던 것을 다시 생각해 보고, 물음을 던져 보는 것, 옳지 않은 것을 옳지 않다고 말할 수 있는 것이라고 했어. 그래야 내가 자유로워질 수 있다고.

검은빛 활동가는 청소년 시기가 얼마 남지 않았기 때문에 시간이 흐르는 게 많이 아쉽지만, 앞으로도 청소년 인권 관련 일을 계속하고 싶대. 지금 관심 갖고 있는 청소년의 정치적 권리도 계속 공부하고 싶고. 마지막으로 하고 싶은 말을 물으니 아수나로의 문은 활짝 열려 있으니 많은 초등학생 친구들을 만나면 좋겠다고 했어.

조리 있게 자신의 생각을 이야기하는 검은빛 활동가를 보니 우리나라 청소년의 미래가 밝다는 생각이 들었어.

대한민국 청소년 여러분, 힘내세요!

사진 제공 아수나로

청소년 인권 활동가 검은빛이 청소년의 정치적 권리 보장을 위해 헌법 재판소에서 시위를 하고 있는 모습이야. 청소년들이 행복하게 살 수 있는 그날이 빨리 왔으면 좋겠어.

대중문화로 보는 인권

평화로운 삶을 사는 세상

캄보디아의 대량 학살을 다룬 영화 〈킬링 필드〉에서 가장 기억에 남는 장면은 미국 〈뉴욕 타임스〉 기자가 자신의 취재를 도와주었던 통역원을 대피소에서 극적으로 다시 만나는 마지막 장면이야. 두 남자가 서로 끌어안고 눈물을 흘리는 장면에서 존 레넌의 노래 〈이매진(상상해 보세요)〉이 흘러.

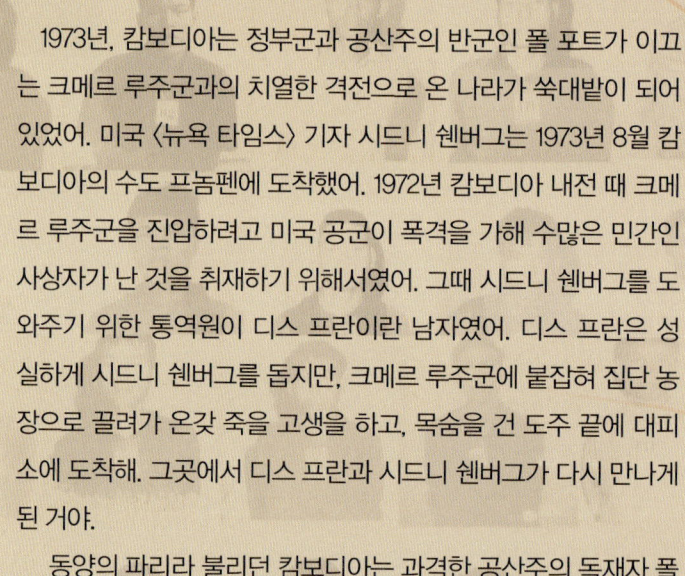

1973년, 캄보디아는 정부군과 공산주의 반군인 폴 포트가 이끄는 크메르 루주군과의 치열한 격전으로 온 나라가 쑥대밭이 되어 있었어. 미국 〈뉴욕 타임스〉 기자 시드니 쉔버그는 1973년 8월 캄보디아의 수도 프놈펜에 도착했어. 1972년 캄보디아 내전 때 크메르 루주군을 진압하려고 미국 공군이 폭격을 가해 수많은 민간인 사상자가 난 것을 취재하기 위해서였어. 그때 시드니 쉔버그를 도와주기 위한 통역원이 디스 프란이란 남자였어. 디스 프란은 성실하게 시드니 쉔버그를 돕지만, 크메르 루주군에 붙잡혀 집단 농장으로 끌려가 온갖 죽을 고생을 하고, 목숨을 건 도주 끝에 대피소에 도착해. 그곳에서 디스 프란과 시드니 쉔버그가 다시 만나게 된 거야.

동양의 파리라 불리던 캄보디아는 과격한 공산주의 독재자 폴 포트가 정권을 잡은 1976년부터 1979년까지 4년 동안 당시 인구의 4분의 1인 무려 200만 명이 처형과 고문으로 킬링 필드에서 사라지고 굶주림과 질병으로 목숨을 잃었어. 영화 〈킬링 필드〉는 아무 죄 없이 학살된 사람들이 '죽음의 들판'에 묻혀야 했

캄보디아 내전으로 죽음의 들판 '킬링 필드'에서 죽어 간 사람들을 추모하는 위령탑

던 캄보디아의 슬픈 역사를 이야기하고 있어.

　캄보디아가 이렇게 세계사에 남을 끔찍한 비극을 겪게 된 이유 중 하나는 미국과 이웃 나라인 베트남 전쟁 때문이기도 해. 당시 베트남은 남과 북으로 나뉘어져 있었고, 북베트남은 공산주의를 따르고 있었어. 소련의 공산주의가 퍼지는 것을 두려워하던 미국은 1961년 남베트남 정부에 돈과 무기를 지원하기 시작했어. 1970년 봄, 미국은 베트콩(북베트남)의 무기 보급로를 차단하기 위해 이웃 나라인 캄보디아와 라오스를 비밀리에 공격하기 시작했어. 이 비밀 폭격으로 100만 명에 가까운 캄보디아 사람들이 사망하자, 유럽과 미국 내에서는 반전 운동이 시작되었어. '비틀스'의 멤버 존 레넌도 반전 운동에 적극 참여한 가수였어.

　아직도 많은 사람들이 존 레넌 하면 〈이매진〉을 떠올려. 이 노래는 존 레넌이 꿈꾸는 세상에 대해 이야기하고 있어. 그건 종교나 나라에 의지하지 않고 욕심 없이 살 수 있는 세상이지. 우리가 살고 있는 이 세상 어딘가에서는 아직도 전쟁과 일부의 욕망으로 많은 사람들이 희생당하고 있어. 모든 사람이 평화로운 삶을 살 수 있는 그날까지 이 노래는 울려 퍼질 거야.

세계 인권 선언문

[전문]

　인류 가족 모두의 존엄성과 양도할 수 없는 권리를 인정하는 것이 세계의 자유, 정의, 평화의 기초다. 인권을 무시하고 경멸하는 만행이 과연 어떤 결과를 초래했던가를 기억해 보라. 인류의 양심을 분노케 했던 야만스러운 일들이 일어나지 않았던가?

　그러므로 오늘날 보통 사람들이 바라는 지고지순의 염원은 '이제 제발 모든 인간이 언론의 자유, 신념의 자유, 공포와 결핍으로부터의 자유를 누릴 수 있는 세상이 왔으면 좋겠다.'는 것이리라.

　유엔 헌장은 이미 기본적 인권, 인간의 존엄과 가치, 남녀의 동등한 권리에 대한 신념을 재확인했고, 보다 폭넓은 자유 속에서 사회 진보를 촉진하고 생활 수준을 향상시키자고 다짐했었다.

　그런데 이러한 약속을 제대로 실천하려면 도대체 인권이 무엇이고, 자유가 무엇인지에 대해 모든 사람이 이해할 수 있도록 하는 것이 가장 중요하지 않겠는가?

　유엔 총회는 이제 모든 개인과 조직이 이 선언을 항상 마음속 깊이 간직하면서 지속적인 국내적, 국제적 조치를 통해 회원국 국민들의 보편적 자유와 권리 신장을 위해 노력하도록 모든 인류가 '다 함께 달성해야 할 하나의 공통 기준'으로서 '세계 인권 선언'을 선포한다.

1조 모든 사람은 태어날 때부터 자유롭고, 존엄하며, 평등하다. 모든 사람은 이성과 양심이 있으므로 서로에게 형제애의 정신으로 대해야 한다.

2조 모든 사람은 인종, 피부색, 성, 언어, 종교 등 어떤 이유로도 차별받지 않으며 이 선언에 나와 있는 모든 권리와 자유를 누릴 자격이 있다.

3조 모든 사람은 자기 생명을 지킬 권리, 자유를 누릴 권리 그리고 자신의 안전을 지킬 권리가 있다.

4조 어느 누구도 노예가 되거나 타인에게 예속된 상태에 놓여서는 안 된다. 노예 제도와 노예 매매는 어떤 형태로든 일절 금지한다.

5조 어느 누구도 고문이나 잔인하고 비인도적인 모욕, 형벌을 받아서는 안 된다.

6조 모든 사람은 법 앞에서 '한 사람의 인간'으로 인정받을 권리가 있다.

7조 모든 사람은 법 앞에 평등하며, 차별 없이 법의 보호를 받을 수 있다.

8조 모든 사람은 헌법과 법률이 보장하는 기본권을 침해당했을 때, 해당 국가 법원에 의해 효과적으로 구제받을 권리가 있다.

9조 어느 누구도 자의적으로 체포, 구금, 추방을 당하지 않는다.

10조 모든 사람은 자신의 행위가 범죄인지 아닌지를 판별받을 때, 독립적이고 공평한 법정에서 공정하고 공개적인 심문을 받을 권리가 있다.

11조 범죄의 소추를 받은 사람은 자신을 변호하는 데 필요한 모든 것을 보장받아야 하고, 누구든지 공개 재판을 통해 유죄가 입증될 때까지 무죄로 추정될 권리가 있다.

12조 개인의 프라이버시, 가족, 주택, 통신에 대해 타인이 함부로 간섭해서는 안 되며 어느 누구의 명예와 평판에 대해서도 타인이 침해해서는 안 된다.

13조 모든 사람은 자기 나라 영토 안에서 어디든 갈 수 있고, 어디서든 살 수 있다. 또한 그 나라를 떠날 권리가 있고, 다시 돌아올 권리도 있다.

14조 모든 사람은 박해를 피해 타국에 피난처를 구하고 그곳에 망명할 권리가 있다.

15조 누구나 국적을 가질 권리가 있다. 누구든지 정당한 근거 없이 국적을 빼앗기지 않으며, 자기 국적을 바꾸거나 다른 국적을 취득할 권리가 있다.

16조 성년이 된 남녀는 인종, 국적, 종교의 제한을 받지 않고 결혼할 수 있으며 가정을 이룰 권리가 있다. 결혼에 관한 모든 문제에 있어서 남녀는 똑같은 권리를 갖는다.

17조 모든 사람은 혼자서 또는 타인과 공동으로 재산을 소유할 권리가 있다. 어느 누구도 자기 재산을 정당한 이유 없이 남에게 함부로 빼앗기지 않는다.

18조 모든 사람은 사상, 양심, 종교의 자유를 누릴 권리가 있다.

19조 모든 사람은 의사 표현의 자유를 누릴 권리가 있다.

20조 모든 사람은 평화적인 집회 및 결사의 자유를 누릴 권리가 있다.

21조 모든 사람은 직접 또는 자유롭게 선출된 대표자를 통해 자국의 정치에 참여할 권리가 있다. 모든 사람은 자기 나라의 공직을 맡을 권리가 있다.

22조 모든 사람은 사회의 일원으로서 사회 보장을 받을 권리가 있다.

23조 모든 사람은 일할 권리, 자유롭게 직업을 선택할 권리, 공정하고 유리한 조건으로 일할 권리, 실업 상태에서 보호받을 권리가 있다. 모든 사람은 차별 없이 동일한 노동에 대해 동일한 보수를 받을 권리가 있다.

24조 모든 사람은 노동 시간의 합리적인 제한과 정기적 유급 휴가를 포함하여, 휴식할 권리와 여가를 즐길 권리가 있다.

25조 모든 사람은 먹을거리, 입을 옷, 주택, 의료, 사회 서비스 등을 포함해 가족의 건강과 행복에 알맞은 생활 수준을 누릴 권리가 있다.

26조 모든 사람은 교육받을 권리가 있다. 초등 교육과 기초 교육은 무상이어야 하며, 특히 초등 교육은 의무적으로 실시해야 한다. 부모는 자기 자녀가 어떤 교육을 받을지 '우선적으로 선택할 권리'가 있다.

27조 모든 사람은 자기가 속한 사회의 문화생활에 자유롭게 참여하고, 예술을 즐기며 학문적 진보와 혜택을 공유할 권리가 있다.

28조 모든 사람은 이 선언의 권리와 자유가 온전히 실현될 수 있는 체제에서 살아갈 자격이 있다.

29조 모든 사람은 자신이 속한 공동체에 대해 한 사람으로서 의무를 진다.

30조 이 선언에서 말한 어떤 권리와 자유도 다른 사람의 권리와 자유를 짓밟기 위해 사용될 수 없다. 어느 누구에게도 남의 권리를 파괴할 목적으로 자기 권리를 사용할 권리는 없다.

우리 모두 틀림없이 다르다

초판 1쇄 발행 2022년 3월 15일

김현식, 류은숙, 신재일, 전희정 글 | 이광진, 창작 집단 도르리, 홍선주 그림

ⓒ 김현식, 류은숙, 신재일, 전희정 2013
ISBN 979-11-6581-350-5 73300

* 저작권법에 의하여 한국 내에서 보호를 받는 저작물이므로 무단 전재와 무단 복제를 금합니다.
* 책값은 뒤표지에 있습니다.
* 잘못 만들어진 책은 구입하신 곳에서 바꾸어 드립니다.

발행처 주식회사 스푼북 | **발행인** 박상희 | **총괄** 김남원
편집 박지연·김선영·박선정·권새미 | **디자인** 지현정·김광휘 | **마케팅** 손준연·이성호·구혜지
출판신고 2016년 11월 15일 제2017-000267호 | **주소** (03993) 서울시 마포구 월드컵북로 6길 88-7 ky21빌딩 2층
전화 02-6357-0050(편집) 02-6357-0051(마케팅) | **팩스** 02-6357-0052 | **전자우편** book@spoonbook.co.kr

제품명 우리 모두 틀림없이 다르다	**제조자명** 주식회사 스푼북	**제조국명** 대한민국	⚠ 주 의
전화번호 02-6357-0050	**주소** 서울시 마포구 월드컵북로 6길 88-7 ky21빌딩 2층		아이들이 모서리에 다치지
제조년월 2022년 3월 15일	**사용연령** 10세 이상		않게 주의하세요.
※ KC마크는 이 제품이 공통안전기준에 적합하였음을 의미합니다.